Copyright © 2022 LINGUAS CLASSICS

BESTACTIVITYBOOKS.COM

EERSTE EDITIE - Gepubliceerd in 2022

Extra grafisch materiaal van: www.freepik.com
Dank aan: Alekksall, Starline, Pch.vector, Rawpixel.com, Vectorpocket, Dgim-studio, Upklyak, Macrovector, Stockgiu, Pikisuperstar & Freepik.com Designers

Ontdek gratis online spelletjes

Hier verkrijgbaar:

BestActivityBooks.com/FREEGAMES

5 TIPS OM TE BEGINNEN!

1) HOE OP TE LOSSEN

De Puzzels zijn in een Klassiek Formaat:

- Woorden worden verborgen zonder pauzes (geen spaties, streepjes, ...)
- Oriëntatie: Voorwaarts & Achterwaarts, Boven & Beneden of in Diagonaal (kan in beide richtingen)
- Woorden kunnen elkaar overlappen of kruisen

2) ACTIEF LEREN

Naast elk woord is een spatie voorzien om de vertaling te noteren. Om actief te leren vindt u een **WOORDENBOEK** aan het einde van deze editie om uw kennis te controleren en uit te breiden. U kunt elke vertaling opzoeken en opschrijven, de woorden in de puzzel vinden en ze vervolgens aan uw woordenschat toevoegen!

3) TAG JE WOORDEN

Hebt u al geprobeerd een labelsysteem te gebruiken? U zou bijvoorbeeld de woorden die moeilijk te vinden waren kunnen markeren met een kruis, de woorden die u leuk vond met een ster, nieuwe woorden met een driehoek, zeldzame woorden met een ruit enzovoort...

4) ORGANISEER UW LEREN

Wij bieden ook een handig **NOTITIEBOEKJE** aan het eind van deze uitgave. Of u nu op vakantie, op reis of thuis bent, u kunt uw nieuwe kennis gemakkelijk ordenen zonder dat u een tweede notitieboek nodig hebt!

5) AFGESLOTEN?

Ga naar de bonussectie: **FINAAL UITDAGING** om een gratis spel te vinden dat aan het einde van deze editie wordt aangeboden!

Wil je meer leuke en leerzame activiteiten? Het is Snel en Eenvoudig!
Een hele collectie spelboeken slechts één klik verwijderd!

Vind uw volgende uitdaging bij:

BestActivityBooks.com/MijnVolgendeBoek

Klaar... Start!

Wist u dat er zo'n 7000 verschillende talen in de wereld zijn? Woorden zijn kostbaar.

We houden van talen en hebben hard gewerkt om de boeken van de hoogste kwaliteit voor u te maken. Onze ingrediënten?

Een selectie van onmisbare leerthema's, drie grote plakken plezier, dan voegen we er een lepel moeilijke woorden en een snuifje zeldzame woorden aan toe. We serveren ze met zorg en een maximum aan verrukking, zodat je de beste woordspelletjes kunt oplossen en veel plezier beleeft aan het leren!

Uw feedback is essentieel. U kunt een actieve bijdrage leveren aan het succes van dit boek door een recensie achter te laten. Vertel ons wat u het meest beviel in deze editie!

Hier is een korte link die u naar uw bestelpagina brengt:

BestBooksActivity.com/Recensies50

Bedankt voor uw hulp en veel plezier met het spel!

Linguas Classics

1 - Metingen

```
A  D  Â  N  C  I  M  E  Z  Q  N  A  Î  K
H  S  Q  G  J  N  A  Z  E  O  C  T  N  I
A  W  Y  R  W  C  S  Z  C  Q  G  A  Ă  L
V  R  G  E  T  H  Ă  I  I  Q  Q  K  L  O
Y  D  O  U  H  W  W  M  M  O  V  I  Ţ  G
K  B  Y  T  E  A  L  R  A  C  O  L  I  R
M  S  M  A  F  O  L  I  L  Y  L  O  M  A
O  I  H  T  H  F  Ă  B  T  M  U  M  E  M
E  I  N  E  W  C  Ţ  T  Ă  R  M  E  H  O
I  S  L  U  N  G  I  M  E  G  U  T  O  E
K  C  E  N  T  I  M  E  T  R  U  R  T  Y
J  I  C  C  I  O  E  T  C  A  Y  U  O  D
C  U  K  I  E  F  B  R  U  M  G  H  N  O
N  U  Z  E  Z  Z  D  U  J  K  E  B  Ă  U
```

LĂŢIME   KILOMETRU
BYTE   LUNGIME
CENTIMETRU   LITRU
ZECIMAL   MASĂ
ADÂNCIME   METRU
GREUTATE   MINUT
GRAM   UNCIE
ÎNĂLŢIME   HALBĂ
INCH   TONĂ
KILOGRAM   VOLUM

2 - Keuken

```
S  K  Z  F  G  R  P  F  P  M  U  N  W  U
U  D  K  N  M  E  O  G  F  A  D  W  B  Q
C  L  K  G  H  Ț  L  V  U  I  Q  C  O  I
C  U  C  G  C  E  O  G  R  Ă  T  A  R  T
E  O  P  I  I  T  N  P  C  C  F  S  C  O
A  W  N  T  O  Ă  I  Ț  I  H  Ț  T  A  B
I  D  V  D  O  R  C  H  T  M  F  R  N  E
N  F  Q  A  I  R  U  M  I  Q  R  O  Ş  Ț
I  J  G  V  D  M  P  O  J  Q  I  N  O  I
C  S  Ș  E  R  V  E  Ț  E  L  G  M  R  Ș
B  U  R  E  T  E  Z  N  I  K  I  R  Ţ  O
E  Ţ  I  U  C  U  Ț  I  T  E  D  E  Z  A
L  I  N  G  U  R  I  M  D  E  E  M  O  R
A  L  I  M  E  N  T  E  J  X  R  I  P  E
```

CUPE	POLONIC
BEŢIŞOARE	BORCAN
GRĂTAR	REŢETĂ
CEAINIC	ŞORŢ
FRIGIDER	ŞERVEŢEL
CASTRON	CONDIMENTE
ULCIOR	BURETE
LINGURI	ALIMENTE
CUŢITE	FURCI
CUPTOR	

3 - Boten

```
K  M  R  E  Ţ  F  N  Y  K  P  O  E  X  Ţ
H  A  C  S  E  O  R  M  O  T  O  R  L  U
K  R  V  I  W  C  H  Â  R  Z  P  Â  K  M
P  I  W  H  D  E  C  C  N  T  V  U  N  A
L  N  P  O  J  A  S  C  P  G  S  Q  J  R
U  A  D  B  N  N  S  P  Ţ  T  H  V  H  I
T  R  C  S  A  K  O  H  V  A  Q  I  K  T
Ă  D  T  I  F  C  X  C  A  N  O  E  E  I
I  B  X  G  E  A  M  A  N  D  U  R  Ă  M
V  A  L  U  R  I  E  T  C  O  M  B  T  Q
E  C  H  I  P  A  J  A  O  C  A  Y  K  L
N  A  U  T  I  C  C  R  R  K  R  M  Q  C
W  R  Z  Q  G  K  P  G  Ă  L  E  I  R  Z
X  G  D  I  R  A  B  A  C  Y  U  X  Ţ  B
```

ANCORĂ	MARINAR
ECHIPAJ	LAC
GEAMANDURĂ	MOTOR
DOCK	NAUTIC
VALURI	OCEAN
IAHT	RÂU
CAIAC	FRÂNGHIE
CANOE	BAC
MARITIM	PLUTĂ
CATARG	MARE

4 - Chocolade

```
N  I  E  G  G  K  C  A  L  O  R  I  I  O
C  U  Q  L  V  G  A  R  O  M  Ă  Q  U  N
B  Y  C  J  X  J  V  Q  I  P  G  U  S  T
R  F  P  Ă  A  M  A  R  D  E  O  W  Ţ  G
N  B  C  Ţ  D  H  G  F  U  Z  F  F  H  I
M  F  A  O  C  E  O  L  L  A  F  D  T  F
Ţ  A  R  R  Q  C  C  E  C  H  P  E  C  A
A  R  A  H  I  D  E  O  E  Ă  P  L  A  V
U  J  M  W  Y  F  R  T  C  R  F  I  C  O
O  V  E  O  N  S  D  E  I  O  T  C  A  R
C  A  L  I  T  A  T  E  Ţ  L  S  I  O  I
E  X  O  T  I  C  W  C  U  E  S  O  Ţ  T
I  N  G  R  E  D  I  E  N  T  T  S  O  K
B  O  M  B  O  A  N  E  J  X  W  Ă  R  E
```

AMAR	CALITATE
CACAO	ARAHIDE
CALORII	REŢETĂ
EXOTIC	AROMĂ
FAVORIT	GUST
DELICIOS	BOMBOANE
INGREDIENT	ZAHĂR
CARAMEL	POFTA
NUCĂ DE COCOS	DULCE

5 - Tijd

```
S  J  V  A  I  N  W  N  Q  T  G  S  Z  J
D  U  I  C  A  K  O  I  X  V  X  E  H  F
D  M  I  U  G  J  S  A  N  V  J  P  D  C
U  I  T  M  B  Y  T  D  P  G  Q  C  R  U
P  N  O  L  A  H  K  D  H  T  L  U  N  Ă
Ă  U  R  C  S  A  V  J  D  X  E  C  B  R
D  T  S  H  V  L  A  Z  I  C  S  V  U  Y
Ţ  E  U  T  Z  G  Z  O  M  E  Q  F  D  W
T  R  C  X  I  E  I  R  I  A  R  W  E  A
H  K  Z  E  U  B  S  Ă  N  S  T  I  V  M
Q  N  O  V  N  C  A  L  E  N  D  A  R  I
A  N  U  A  L  I  F  Q  A  J  H  U  E  A
S  E  C  O  L  K  U  M  Ţ  E  E  Q  M  Z
S  Ă  P  T  Ă  M  Â  N  Ă  D  G  T  E  Ă
```

ZI	MINUT
DECENIU	DUPĂ
SECOL	NOAPTE
IERI	ACUM
AN	DIMINEAŢĂ
ANUAL	VIITOR
CALENDAR	ORĂ
CEAS	AZI
LUNĂ	DEVREME
AMIAZĂ	SĂPTĂMÂNĂ

6 - Meditatie

```
T  R  C  P  B  V  H  K  M  F  A  R  P  V
Ă  E  T  O  U  J  P  Q  Ţ  E  C  E  E  R
C  S  O  S  N  P  D  N  C  R  C  C  R  C
E  P  B  T  Ă  N  W  Y  L  I  E  U  S  K
R  I  S  U  T  M  D  T  A  C  P  N  P  A
E  R  E  R  A  U  E  W  R  I  T  O  E  T
P  A  R  Ă  T  Z  J  N  I  R  A  Ș  C  E
A  Ţ  V  D  E  I  W  A  T  E  R  T  T  N
C  I  A  E  T  C  Z  T  A  A  E  I  I  Ţ
E  E  R  M  M  Ă  F  U  T  T  L  N  V  I
I  X  E  Z  I  O  K  R  E  R  L  Ţ  Ă  E
F  X  G  W  W  F  Ţ  Ă  Ţ  E  F  Ă  U  U
M  I  Ș  C  A  R  E  I  G  A  Q  Ţ  Y  Z
G  Â  N  D  U  R  I  J  I  Z  D  V  P  W
```

ATENȚIE   MENTAL
ACCEPTARE   MUZICĂ
RESPIRAȚIE   NATURĂ
MIȘCARE   OBSERVARE
RECUNOȘTINȚĂ   PERSPECTIVĂ
EMOȚII   TĂCERE
GÂNDURI   PACE
FERICIRE   BUNĂTATE
CLARITATE   TREAZ
POSTURĂ

7 - Zomer

```
A M E K O X P V P T X S Z O
J M A J I Q Ț A L I R A Q D
Y L I R E F J C A M C N A Y
Z A D N E A O A J P Ă D C J
R D P D T M C N Ă L L A A J
S T E L E I U Ț B I Ă L S T
Ț N I W T L R Ă U B T E Ă C
Y R K Z W I I I C E O M S A
P O C P H E H Y U R R U U M
G R Ă D I N Ă B R X I Z N P
A P R I E T E N I P E I P I
Y E Ț D A G Y S E M C C D N
F Y I A L I M E N T E Ă H G
R E L A X A R E Ț N T C K Ț
```

CĂRȚI	STELE
FAMILIE	PLAJĂ
JOCURI	GRĂDINĂ
AMINTIRI	VACANȚĂ
ACASĂ	ALIMENTE
CAMPING	BUCURIE
MUZICĂ	PRIETENI
RELAXARE	TIMP LIBER
CĂLĂTORIE	MARE
SANDALE	

8 - Vogels

```
P E L I C A N Y T Z K H P K
P I L I U A S F T I T G O U
E Ă N H C O T Ţ O S T Â R C
S Q U G B Ţ R M U A T S U L
C C N N U Q U C C C Q C M E
Ă J Y Z F I Ţ B A R Z Ă B B
R G G C N J N R N F O B E Ă
U L J K I O P U I L T R L D
Ș H E M Ţ O F V R A B I E Ă
P O V E Ă I A O V M R H Y J
P A P A G A L R V I F Y Y R
H R B N O Z M A Ă N K P R Q
F Q F M T F R Ţ X G R G L L
H V I O Z I U Ă Ţ O T Z Z L
```

PORUMBEL	BARZĂ
RAȚĂ	PAPAGAL
OU	PĂUN
FLAMINGO	PELICAN
GÂSCĂ	PINGUIN
PUI	STÂRC
CUC	STRUȚ
CIOARĂ	TOUCAN
PESCĂRUȘ	BUFNIȚĂ
VRABIE	LEBĂDĂ

9 - Behoud

```
J  H  B  I  N  Q  X  G  T  I  P  D  G  N
V  E  R  D  E  E  Ţ  N  Q  Q  E  M  C  U
E  S  Ă  N  Ă  T  A  T  E  F  S  A  T  O
E  C  V  E  N  J  E  X  P  D  T  U  L  H
D  F  O  P  O  L  U  A  R  E  I  H  G  W
U  I  L  S  M  O  D  I  F  I  C  Ă  R  I
C  R  U  A  I  E  S  D  B  D  I  C  E  H
A  E  N  P  Y  S  D  K  A  U  D  L  D  A
Ţ  S  T  Ă  C  Q  T  I  Q  R  C  I  U  B
I  C  A  S  K  W  Q  E  U  A  I  M  C  I
E  O  R  G  A  N  I  C  M  B  C  A  E  T
V  X  G  K  Ţ  H  O  J  I  I  L  T  B  A
E  V  G  Y  W  K  Z  R  T  L  U  W  Q  T
R  E  C  I  C  L  A  R  E  Ă  D  H  U  O
```

DURABILĂ	EDUCAŢIE
ECOSISTEM	ORGANIC
CICLU	PESTICID
SĂNĂTATE	RECICLARE
VERDE	MODIFICĂRI
HABITAT	REDUCE
CLIMAT	POLUARE
MEDIU	VOLUNTAR
FIRESC	APĂ

10 - Wiskunde

```
P O L I G O N Z S Z C T A Y
Z P Y M S N T E E F Q O P P
P A E C U A Ţ I E C E K O P
A R I T M E T I C Ă I R V A
T A P I Ă X X W W K G M Ă R
N L F D L K V P H M E T A A
P E A Y T L Z U O F O R D L
V L P L X K N N R N M I A E
D R E P T U N G H I E U S L
V G S Ă C H O H P T T N A O
O Q R T V H F I E A R G T G
L V N R A M D U H Q I H U R
U D I A M E T R U R E I H A
M W S T P E R I M E T R U M
```

SFERĂ
ZECIMAL
DIAMETRU
TRIUNGHI
EXPONENT
GEOMETRIE
UNGHIURI
PERIMETRU
PARALEL

PARALELOGRAM
DREPTUNGHI
ARITMETICĂ
SUMĂ
POLIGON
ECUAŢIE
PĂTRAT
VOLUM

11 - Camping

```
A N I M A L E D E N X H Y V
M Y O E K Z X U H V P M I Â
Q A P I U B U S O L Ă Q M N
Z D U F D L U N A A D G B Ă
P Ă L Ă R I E M F C O R T T
H X P Ă D U R E U O S K F O
A V E N T U R Ă C N C D R A
M M C N E E I L A A T F Â R
A S H O C D N H B T A E N E
C N I Q P H S A I U C L G L
A E C K Y A E J N R A I H T
X R Ţ X U R C G Ă Ă N N I I
B P M H A T T I Y Z O A E Y
B B B Ţ X Ă Ă Q D T E R O S
```

AVENTURĂ	VÂNĂTOARE
MUNTE	HARTĂ
COPACI	CANOE
PĂDURE	BUSOLĂ
FOC	FELINAR
CABINĂ	LUNA
ANIMALE	LAC
HAMAC	NATURĂ
PĂLĂRIE	CORT
INSECTĂ	FRÂNGHIE

12 - Activiteiten

```
M F F B C E R A M I C Ă T A
E H O M A G I E F Q Y R I C
Ş G T X M V P I W Z T G M T
T R O N P U U L O N F B P I
E Ă G E I P I C T U R A L V
Ş D R Y N L E C T U R Ă I I
U I A R G Ă G U D P E A B T
G N F N H C X S K E L R E A
U Ă I C S E N U H S A T R T
R R E T Y R X T Y C X Ă W E
I I A M R E H J U U A K M M
B T G E T G W R A I R A O Y
P U Z Z L E J D K T E W R G
V Â N Ă T O A R E C F Q A J
```

ACTIVITATE
MEŞTEŞUGURI
DANS
FOTOGRAFIE
PESCUIT
VÂNĂTOARE
CAMPING
CERAMICĂ
ARTĂ

LECTURĂ
MAGIE
CUSUT
RELAXARE
PLĂCERE
PUZZLE
PICTURA
GRĂDINĂRIT
TIMP LIBER

13 - Vormen

```
O C L O Z L F T Y B M F D G
N V E V S H J Z E S F E R Ă
H B A R O T U N D T U Ţ E M
I K W L C S V C X V Z N P A
P O L I G O N O D W N B T R
E C C U R B Ă L I N I A U G
R I A I J O Q Ţ F S I Ţ N I
B L P R I S M Ă H S E D G N
O I J Z C Ţ T R I U N G H I
L N P Ă T R A T I K O R I T
Ă D T Z F X T S G P A R T E
B R K Q C O N M G C U B A S
R U P P I R A M I D Ă Q X J
I Q O T R X C L A N O R Ţ O
```

SFERĂ	CUB
ARC	LINIA
CILINDRU	OVAL
CERC	PIRAMIDĂ
CURBĂ	PRISMĂ
TRIUNGHI	MARGINI
COLŢ	DREPTUNGHI
HIPERBOLĂ	ROTUND
PARTE	POLIGON
CON	PĂTRAT

14 - Astronomie

```
C C O N S T E L A Ţ I E U E
B O T S A S T E R O I D N C
V N M R A C H E T Ă Ţ M I H
Z J S E P Ă M Â N T B T V I
O M U D T E L E S C O P E N
B R O E X Ă M E T E O R R O
S P G R A V I T A Ţ I E S C
E L U N A S T R O N A U T Ţ
R A P C M Ţ B A C T R N Ţ I
V N S A T E L I T O P Z K U
A E S T E A C B N Ţ S S B P
T T N E B U L O A S Ă M L T
O Ă G A S T R O N O M Q O W
R A D I A Ţ I E C I R B E S
```

PĂMÂNT
ASTEROID
ASTRONAUT
ASTRONOM
ECHINOCŢIU
COMETĂ
COSMOS
LUNA
METEOR
NEBULOASĂ

OBSERVATOR
PLANETĂ
RACHETĂ
SATELIT
STEA
CONSTELAŢIE
RADIAŢIE
TELESCOP
UNIVERS
GRAVITAŢIE

15 - Emoties

```
F  N  G  E  D  F  X  Y  P  B  Z  F  L  R
M  B  U  C  U  R  I  E  V  Y  S  U  I  E
R  D  R  O  S  I  A  Q  C  D  I  R  N  L
K  M  V  N  P  C  T  G  G  N  M  I  I  A
L  R  E  Ţ  A  Ă  X  L  O  B  P  E  Ș  X
F  E  R  I  C  I  R  E  J  S  A  Ţ  T  A
E  S  D  N  E  N  V  U  A  A  T  J  E  T
E  M  S  U  R  P  R  I  Z  Ă  I  E  I  R
X  L  C  T  R  I  S  T  E  Ţ  E  N  X  B
C  S  E  N  S  I  B  I  L  I  T  A  T  E
I  C  A  L  M  J  Z  Ţ  O  Ţ  W  T  T  J
T  S  A  T  I  S  F  Ă  C  U  T  M  W  K
A  R  E  C  U  N  O  S  C  Ă  T  O  R  I
T  B  U  N  Ă  T  A  T  E  D  C  Ţ  T  L
```

FRICĂ   LINIȘTE
JENAT   SIMPATIE
RECUNOSCĂTOR   SENSIBILITATE
TRISTEȚE   SATISFĂCUT
FERICIRE   SURPRIZĂ
CONȚINUT   PACE
CALM   BUCURIE
DRAGOSTE   BUNĂTATE
RELAXAT   FURIE
EXCITAT

16 - Vakantie #2

```
J  V  Z  P  X  J  S  V  P  V  M  L  R  Y
O  P  B  B  A  S  I  T  A  L  B  Q  Q  N
N  A  I  Y  V  I  Z  Ă  R  C  A  H  W  I
H  A  R  T  Ă  L  H  Q  H  Ă  A  J  Q  B
O  G  V  R  L  W  W  G  L  N  I  N  Ă  Y
T  H  P  A  Ș  A  P  O  R  T  Ț  N  Ț  C
E  F  I  N  C  O  R  T  O  T  R  E  N  Ă
L  D  E  S  T  I  N  A  Ţ  I  E  Q  L  L
R  Z  M  P  A  E  R  O  P  O  R  T  A  Ă
E  Ţ  Z  O  I  N  S  U  L  Ă  V  M  K  T
X  E  I  R  C  A  M  P  I  N  G  A  A  O
O  Ţ  H  T  A  X  I  G  W  P  Ţ  R  Ţ  R
R  E  S  T  A  U  R  A  N  T  I  E  B  I
O  N  W  R  E  Z  E  R  V  Ă  R  I  D  E
```

DESTINAŢIE	RESTAURANT
STRĂIN	PLAJĂ
INSULĂ	TAXI
HOTEL	CORT
HARTĂ	TREN
CAMPING	VACANŢĂ
AEROPORT	TRANSPORT
PAȘAPORT	VIZĂ
CĂLĂTORIE	MARE
REZERVĂRI	

17 - Weersomstandigheden

```
Q  Y  P  T  S  T  R  O  P  I  C  A  L  E
K  O  I  O  T  E  I  E  J  X  P  F  Y  P
A  E  E  R  D  M  U  S  O  N  O  U  B  V
R  N  M  N  Q  P  G  F  P  O  L  L  V  Â
T  C  B  A  Y  E  L  H  U  R  A  G  A  N
N  U  I  D  S  R  I  J  E  R  R  E  P  T
S  R  N  Ă  A  A  V  P  E  A  T  R  O  R
E  C  U  E  N  T  B  L  P  U  Ț  U  A  Z
C  U  N  Y  T  U  C  E  A  Ț  Ă  Ă  N  G
E  B  D  A  Q  R  E  U  M  E  D  G  T  Ă
T  E  A  G  C  A  R  W  F  Ț  A  N  M  X
Ă  U  Ț  A  T  M  O  S  F  E  R  Ă  J  H
C  L  I  M  A  T  L  T  A  D  Y  I  X  A
B  C  I  G  Z  F  W  S  M  D  H  D  O  G
```

ATMOSFERĂ	INUNDAȚII
FULGER	POLAR
TUNET	CURCUBEU
SECETĂ	FURTUNĂ
CER	TEMPERATURA
GHEAȚĂ	TORNADĂ
CLIMAT	TROPICALE
CEAȚĂ	UMED
MUSON	VÂNT
URAGAN	NOR

18 - Strand

```
P Y X A N K D T H R Q V B O
G P W N L R E C I F A Z Q C
C R A B K B L F V M O L Z J
I G R X L J A F B A C A E Ţ
U M B R E L Ă S L R E G J Z
C D N I S I P X T E A U S K
C O A S T Ă V X N R N N B H
Y C F F E F I A B P U Ă A J
G K M T V S N V C K W D R A
E O T P R O S O P A Ţ F C T
T Z S A K A U P U F N K Ă Ţ
Q F U F V R L C Q P V Ţ P Q
H D G Y C E Ă N D Z V E Ă K
S A N D A L E V L O S E B G
```

ALBASTRU
BARCĂ
DOCK
INSULĂ
PROSOP
CRAB
COASTĂ
LAGUNĂ

OCEAN
UMBRELĂ
RECIF
SANDALE
VACANŢĂ
NISIP
MARE
SOARE

19 - Eten #2

```
P  U  I  Y  K  V  Â  N  Ă  T  Ă  T  M  H
Â  S  G  R  G  B  B  Z  F  I  O  R  X  G
I  T  P  A  N  W  Y  R  L  I  J  G  G  Q
N  R  I  A  B  P  Ţ  U  O  P  E  Ş  T  E
E  U  E  F  R  O  Ș  I  E  C  Ţ  S  N  S
A  G  R  X  Â  A  U  S  G  R  C  U  Ţ  T
K  U  S  A  N  A  N  A  S  P  S  O  S  M
B  R  I  V  Z  Ţ  C  G  C  G  D  Y  L  F
B  I  C  M  Ă  R  Ă  O  H  O  R  E  Z  I
A  A  Ă  G  R  Â  U  F  U  E  K  I  W  I
N  U  R  Z  K  M  I  G  D  A  L  Ă  Y  C
A  R  S  Q  Q  Y  V  V  Y  C  R  A  Y  F
N  T  J  W  J  M  M  Y  Y  F  B  Z  O  B
Ă  J  C  D  H  G  R  X  D  J  R  G  V  Q
```

MIGDALĂ	ȘUNCĂ
ANANAS	BRÂNZĂ
MĂR	PUI
SPARANGHEL	KIWI
VÂNĂTĂ	PIERSICĂ
BANANĂ	OREZ
BROCCOLI	GRÂU
PÂINE	ROȘIE
STRUGURI	PEȘTE
OU	IAURT

20 - Klimmen

```
F  O  P  S  R  E  Ţ  B  W  L  S  Y  S  G
P  O  N  Q  R  R  N  D  F  Ţ  T  A  P  M
T  E  R  T  Ă  R  I  E  Q  C  A  S  C  Ă
J  E  H  M  C  I  R  V  R  T  B  P  I  C
G  C  R  K  A  M  Ă  N  U  Ș  I  R  Z  U
A  H  N  E  Î  R  E  O  Ţ  B  L  O  M  R
T  F  I  Z  N  X  E  H  S  O  I  V  E  I
M  I  P  D  G  T  G  K  W  R  T  O  C  O
O  Z  E  O  U  Ţ  T  J  A  M  A  C  V  Z
S  I  Ș  P  S  R  N  H  A  R  T  Ă  Ţ  I
F  C  T  K  T  S  I  U  N  Q  E  R  V  T
E  P  E  E  X  P  E  R  T  C  T  I  E  A
R  D  R  U  M  E  Ț  I  I  X  O  A  V  T
Ă  P  Ă  D  A  L  T  I  T  U  D  I  N  E
```

ATMOSFERĂ	TĂRIE
EXPERT	CIZME
FIZIC	CURIOZITATE
GHIDURI	FORMARE
PEȘTERĂ	ÎNGUST
MĂNUȘI	STABILITATE
CASCĂ	TEREN
ALTITUDINE	PROVOCĂRI
HARTĂ	DRUMEȚII

21 - Restaurant #1

```
C I N G R E D I E N T E W L
H G V G L M B J B D N Y Z G
E C A S I E R Ţ R O P A B X
L K T O Ș E R V E Ţ E L M E
N D T Z T F C I R B H E G S
E J R B F T A C A S T R O N
R T R H Z D F R C Z Z G F P
I H F P O Z E E F A C I J I
Ţ S O S X K A I I U R E I C
Ă C U Ţ I T P U I Q R N U A
D E S E R T J Â C B C I E N
G B U C Ă T Ă R I E Y N E T
R E Z E R V A R E N A K L J
A L I M E N T E B M E N I U
```

ALERGIE
FARFURIE
PÂINE
INGREDIENTE
CASIER
BUCĂTĂRIE
PUI
CAFEA
CASTRON
MENIU

CUŢIT
PICANT
REZERVARE
SOS
CHELNERIŢĂ
ȘERVEŢEL
DESERT
CARNE
ALIMENTE

22 - Geologie

```
K Y H Z P S A R E A C X G E
B T K Y I P T A S X O A H R
J N C M A V L A V Ă R X E O
M X R C T X D A L T A A I Z
A C I D R F I I T A L W Z I
Z M S S Ă X U I F O C L E U
C U T R E M U R O S U T R N
C U A R Ț Q L G S Z T X I E
G H L T V T O P I T T R J T
S Q E K U O Y Q L N S Y A C
G B A C L C A V E R N Ă J T
Q K T H C A L C I U W A O U
F N J U A C O N T I N E N T
S A Z O N Ă Z Q G W S E V M
```

CUTREMUR	CUARȚ
CALCIU	STRAT
CONTINENT	LAVĂ
EROZIUNE	PLATOU
FOSIL	STALACTIT
GHEIZER	PIATRĂ
TOPIT	VULCAN
CAVERNĂ	ZONĂ
CORAL	SARE
CRISTALE	ACID

23 - Specerijen

```
C E A P Ă P G A B A Ș C F S
Q A D G H I M B I R O H E C
L N B T S P P S F H F I N O
E A K I B E J A V P R M I R
S S A X V R S D P F A I C Ț
C O R I A N D R U R N O U I
H N C A N U B U R L I N L Ș
I Z A R I C Q S L H B K H O
N N R O L Ş G T Ţ C S G A A
D H D M I O Q U B U E A I R
U M A Ă E A L R F R R O R Ă
F L M N C R J O H R Y O N E
F L O S V Ă G I P Y C W K I
Z Ţ M K A M A R S Ţ A X Ţ L
```

ANASON	NUCŞOARĂ
AMAR	PAPRIKA
SCHINDUF	PIPER
GHIMBIR	ȘOFRAN
SCORȚIȘOARĂ	AROMĂ
CARDAMOM	CEAPĂ
CURRY	VANILIE
USTUROI	FENICUL
CHIMION	DULCE
CORIANDRU	SARE

24 - Groenten

```
Ș  C  L  E  I  Q  G  M  C  Ț  C  N  M  W
V  A  H  L  V  H  H  A  E  E  I  T  Y  U
A  Â  L  D  B  D  I  Z  A  L  U  D  A  S
D  N  N  O  J  U  M  Ă  P  I  P  V  K  T
O  A  G  Ă  T  E  B  R  Ă  N  E  B  X  U
V  P  B  H  T  Ă  I  E  P  Ă  R  Q  J  R
L  N  Q  C  I  Ă  R  I  D  I  C  H  E  O
E  G  U  I  A  N  C  D  V  C  Ă  A  Q  I
A  O  W  B  L  Q  A  M  Ă  S  L  I  N  Ă
C  S  L  C  A  S  T  R  A  V  E  T  E  P
S  P  A  N  A  C  D  S  E  R  O  Ș  I  E
A  E  K  F  A  B  R  O  C  C  O  L  I  D
V  S  A  L  A  T  Ă  M  O  R  C  O  V  B
P  Ă  T  R  U  N  J  E  L  Q  A  M  P  E
```

ANGHINARE	DOVLEAC
VÂNĂTĂ	NAP
BROCCOLI	RIDICHE
MAZĂRE	SALATĂ
GHIMBIR	ȚELINĂ
USTUROI	ȘALOTĂ
CASTRAVETE	SPANAC
MĂSLINĂ	ROȘIE
CIUPERCĂ	CEAPĂ
PĂTRUNJEL	MORCOV

25 - Dans

```
E H L Z J Z S Z T F C C U D
A M C E Q W A M M Z T O K R
C P O S T U R Ă N N R W R U
A C R Ț P N T I C K A V N P
D U E V I S Ă V E K D O C K
E L G U O E V M U Z I C Ă P
M T R G R A Ț I E G Ț U E A
I U A M I Ș C A R E I L X R
E R F N T S C C J X O T P T
T Ă I U M D I L E Z N U R E
I D E V E S E L A L A R E N
R E P E T I Ț I E S L A S E
N V I Z U A L P U G I L I R
F E J X P W A Z T B V C V H
```

ACADEMIE
MIȘCARE
VESEL
COREGRAFIE
CULTURAL
CULTURĂ
EMOȚIE
EXPRESIV
GRAȚIE
POSTURĂ

CLASIC
ARTĂ
CORP
MUZICĂ
PARTENER
REPETIȚIE
RITM
TRADIȚIONAL
VIZUAL

26 - Sport

```
C  B  P  T  Q  B  N  T  D  T  L  Z  L  S
Â  I  Q  A  E  R  A  T  L  E  T  Ț  U  T
Ș  C  S  R  H  N  G  S  L  I  I  O  N  A
T  I  S  B  Z  N  I  M  E  I  E  I  S  D
I  C  D  I  G  Z  F  S  R  B  G  R  T  I
G  L  X  T  I  P  J  I  B  Y  A  O  S  O
Ă  E  G  R  M  I  Ș  C  A  R  E  L  L  N
T  T  H  U  N  E  C  H  I  P  Ă  Z  L  F
O  Ă  H  O  A  C  A  M  P  I  O  N  A  T
R  W  O  S  S  A  N  T  R  E  N  O  R  P
J  U  C  Ă  T  O  R  O  O  V  B  C  R  H
E  A  H  Y  I  J  O  C  G  K  D  E  I  M
F  D  E  C  C  R  C  B  A  S  C  H  E  T
T  T  I  W  Ă  S  Z  H  I  Q  O  F  I  F
```

ATLET
BASCHET
MIȘCARE
BICICLETĂ
GOLF
GIMNASTICĂ
HOCHEI
BASEBALL
CAMPIONAT

ARBITRU
JOC
JUCĂTOR
STADION
ECHIPĂ
TENIS
ANTRENOR
CÂȘTIGĂTOR

27 - Mythologie

```
C  D  L  J  T  C  M  O  N  S  T  R  U  Ţ
O  D  A  Y  W  U  M  U  R  I  T  O  R  R
M  E  B  J  S  L  O  R  U  I  B  G  Y  Ă
P  Z  I  T  Q  T  F  Ă  P  T  U  R  Ă  Z
O  A  R  T  Ă  U  L  E  G  E  N  D  Ă  B
R  S  I  N  O  R  X  O  I  Ţ  E  K  G  O
T  T  N  E  K  Ă  I  W  D  Q  Y  W  L  I
A  R  T  M  A  R  H  E  T  I  P  E  C  N
M  U  N  U  F  U  L  G  E  R  U  P  Q  I
E  B  U  R  F  A  O  H  R  R  M  G  Z  C
N  K  I  I  K  Y  R  C  O  E  O  X  M  O
T  N  C  R  E  A  R  E  U  V  S  I  Q  A
T  J  X  E  U  H  K  R  O  A  R  F  N  V
G  E  L  O  Z  I  E  T  U  N  E  T  K  A
```

ARHETIP	GELOZIE
FULGER	TĂRIE
CREARE	RĂZBOINIC
CULTURĂ	LEGENDĂ
TUNET	MONSTRU
LABIRINT	NEMURIRE
COMPORTAMENT	DEZASTRU
EROU	MURITOR
EROINA	FĂPTURĂ
CER	

28 - Eten #1

```
M Y V T W T S B S I Y G V V
O H U V K V U U F A E Z M N
R C S P X Y C S N S L E P E
C A T C T R P U K S H A Q T
O R U Y O R Z I S U P Ă T A
V N R L N R M O X N X M L Ă
S E O Ă D D Ț C S P A N A C
A K I M C S T I E V S G P Ă
R U M Â C J A Y Ș L H H T P
E Q D I C M B C C O W M E Ș
H N B E W W Q A E O A C N U
G R U F V A M I A H O R T N
O Ț O Y V L W S P A R Ă Ă Ă
A R A H I D Ă Ă Ă Z A H Ă R
```

CĂPȘUNĂ   SALATĂ
CAISĂ   SUC
BUSUIOC   SUPĂ
LĂMÂIE   SPANAC
ORZ   ZAHĂR
SCORȚIȘOARĂ   TON
USTUROI   CEAPĂ
LAPTE   CARNE
PARĂ   MORCOV
ARAHIDĂ   SARE

29 - Avontuur

```
L  L  N  P  B  T  S  Z  P  A  Ţ  N  Ţ  O
P  H  P  E  U  K  I  G  R  C  D  Ţ  O  Z
R  C  R  R  C  D  G  R  I  T  E  B  N  U
O  E  E  I  U  Y  U  R  E  I  S  Q  E  Y
V  E  G  C  R  N  R  M  T  V  T  J  O  E
O  N  Ă  U  I  A  A  Ş  E  I  I  M  B  X
C  T  T  L  E  T  N  A  T  N  N  I  C
Ă  U  I  O  O  U  Ţ  N  I  A  A  A  Ş  U
R  Z  R  S  O  R  Ă  S  D  T  Ţ  V  N  R
I  I  E  A  R  Ă  N  Ă  Y  E  I  I  U  S
M  A  A  Ţ  J  Z  L  U  N  W  E  G  I  I
Z  S  R  D  I  F  I  C  U  L  T  A  T  E
Z  M  P  B  V  C  Ă  L  Ă  T  O  R  I  I
F  R  U  M  U  S  E  Ţ  E  M  B  E  D  M
```

ACTIVITATE	NOU
DESTINAŢIE	NEOBIȘNUIT
ENTUZIASM	CĂLĂTORII
EXCURSIE	FRUMUSEȚE
PERICULOS	PROVOCĂRI
ŞANSĂ	SIGURANŢĂ
CURAJ	PREGĂTIREA
DIFICULTATE	BUCURIE
NATURĂ	PRIETENI
NAVIGARE	

30 - Circus

```
Z C V W C M P P T E Ţ Q S M
Y C P A L F A T K I S B L A
O C C J O X R G J W G Y O G
A T E B V O A U I G Ţ R B I
N H S Z N D M Ţ E T R U C
M U Z I C Ă Ă T M T S C A I
B B A L O A N E A D P O C A
D O Y X R J C B I L E T R N
I Q M N T B S U M E C U O N
S G P B K U L U U U T F B O
T G E M O E Ţ T Ţ Y A O A Y
R A N I M A L E Ă F T F T D
A E L E F A N T K G O A E N
C O S T U M B E O L R T F R
```

MAIMUŢĂ	MUZICĂ
ACROBAT	ELEFANT
BALOANE	PARADĂ
CLOVN	BOMBOANE
ANIMALE	CORT
MAGICIAN	TIGRU
BILET	SPECTATOR
COSTUM	TRUC
LEU	DISTRA
MAGIE	

31 - Restaurant #2

```
R  A  Y  W  I  F  L  B  P  C  S  F  L  E
U  G  U  T  S  C  A  U  N  O  F  U  E  R
S  A  L  A  T  Ă  I  T  S  N  Z  R  G  W
K  N  P  T  H  Ţ  O  N  J  D  G  C  U  T
W  Y  A  X  Ţ  D  F  R  A  I  H  Ă  M  E
L  B  Ă  U  T  U  R  Ă  A  M  P  A  E  L
I  O  C  I  K  F  U  N  P  E  R  D  P  Y
N  P  H  J  N  Ţ  C  Z  E  N  Â  E  S  Ă
G  H  E  A  Ţ  Ă  T  O  R  T  N  L  U  V
U  R  L  Ş  I  J  D  U  I  E  Z  I  P  F
R  O  N  K  T  G  Y  Ă  T  C  T  C  Ă  Q
Ă  R  E  E  L  E  G  F  I  E  E  I  A  P
P  I  R  S  A  R  E  U  V  H  U  O  O  H
W  N  M  F  L  Q  O  F  S  P  V  S  K  D
```

TORT	CHELNER
CINA	SALATĂ
BĂUTURĂ	SUPĂ
OUĂ	CONDIMENTE
FRUCT	SCAUN
LEGUME	PEŞTE
DELICIOS	APERITIV
GHEAŢĂ	FURCĂ
LINGURĂ	APĂ
PRÂNZ	SARE

32 - Bijen

```
I  Ţ  S  E  Ţ  S  T  U  P  B  B  E  F  Y
E  I  N  S  E  C  T  Ă  B  E  P  C  R  Y
O  C  P  O  L  E  N  C  N  N  O  F  U  M
S  R  O  I  J  Y  L  B  E  E  L  W  C  I
T  O  U  S  Y  N  S  T  P  F  E  R  T  E
A  C  A  L  I  G  R  Ă  D  I  N  Ă  C  R
F  L  O  R  I  S  A  Q  F  C  I  S  E  E
W  H  I  I  E  V  T  K  N  P  Z  E  A  H
V  Q  O  M  B  C  C  E  M  L  A  A  R  D
H  U  K  L  E  I  Z  A  M  A  T  R  Ă  V
Z  X  G  Y  H  N  A  A  Ţ  N  O  I  K  J
G  X  H  A  B  I  T  A  T  T  R  P  Z  D
Z  Ţ  H  P  P  Ţ  Z  E  R  E  G  I  N  Ă
Y  A  D  I  V  E  R  S  I  T  A  T  E  M
```

POLENIZATOR
STUP
FLORI
DIVERSITATE
ECOSISTEM
FRUCT
HABITAT
MIERE
INSECTĂ
REGINĂ

PLANTE
FUM
POLEN
GRĂDINĂ
ARIPI
ALIMENTE
BENEFIC
CEARĂ
SOARE
ROI

33 - School #1

```
B  I  B  L  I  O  T  E  C  Ă  K  G  N  P
E  I  W  E  T  G  S  S  C  A  U  N  U  R
X  D  R  P  R  I  E  T  E  N  I  Ţ  M  Â
A  I  K  O  H  T  A  B  I  P  A  K  E  N
M  S  G  X  U  Q  R  Z  K  L  F  N  R  Z
E  T  D  O  S  A  R  E  Q  P  O  U  E  D
N  R  Ă  S  P  U  N  S  U  R  I  U  X  V
E  A  E  P  R  C  W  H  B  M  H  O  R  H
M  C  O  Q  O  L  M  W  P  G  Â  O  Ţ  I
X  Ţ  N  M  F  A  C  J  N  A  R  W  L  M
E  I  C  T  E  S  T  Ă  C  K  T  B  Ţ  T
Z  E  L  H  S  Ă  C  C  R  E  I  O  N  Ţ
L  H  N  O  O  J  R  D  S  Ţ  E  K  U  Q
R  U  M  A  R  K  E  R  I  B  I  V  J  L
```

RĂSPUNSURI	DOSARE
BIBLIOTECĂ	MARKERI
CĂRȚI	HÂRTIE
BIROU	STILOURI
NUMERE	DISTRACȚIE
EXAMENE	CREION
CLASĂ	TEST
PROFESOR	SCAUN
PRÂNZ	PRIETENI

34 - Wandelen

```
S  B  Z  A  N  I  M  A  L  E  O  B  U  I
Ă  L  H  X  Ț  N  A  T  U  R  Ă  T  P  V
L  L  W  C  Â  H  H  S  O  A  R  E  O  H
B  I  D  P  N  O  F  C  B  U  E  K  H  P
A  E  O  R  Ț  Y  A  R  O  C  I  U  A  V
T  H  X  E  A  V  O  O  S  M  U  N  T  E
I  Z  J  G  R  P  E  R  I  C  O  L  E  U
C  A  C  Ă  I  A  Ă  I  T  A  I  O  S  U
H  A  R  T  Ă  R  P  E  S  M  C  Z  U  D
U  X  N  I  Q  C  I  N  T  P  L  C  M  A
S  M  M  R  M  U  E  T  Â  I  I  Y  M  E
J  J  S  E  U  R  T  A  N  N  M  V  I  M
Q  K  R  A  X  I  R  R  C  G  A  U  T  A
G  R  E  U  G  N  E  E  Ă  A  T  W  J  A
```

MUNTE	NATURĂ
ANIMALE	ORIENTARE
PERICOLE	PARCURI
HARTĂ	PIETRE
CAMPING	SUMMIT
STÂNCĂ	PREGĂTIREA
CLIMAT	APĂ
CIZME	SĂLBATIC
OBOSIT	SOARE
ȚÂNȚARI	GREU

35 - Ecologie

```
S X D D I V E R S I T A T E
P L U C O M U N I T Ă Ț I W
E G R O H M P R Y W H Z F S
C N A F L V E G E T A Ț I E
I E B L P L A N T E B E R C
E N I A C V F R L O I L E E
M F L O R Ă M A I T T X S T
K A Ă C F Z L Ț U E A U C Ă
F S R L V R A S X N T V Y Ț
I E J I G P Ș K B H Ă A S Q
V E P M N V T L A U Z D T A
G L F A Q J I G L O B A L E
A Y J T M Z N Ț A D V Q W C
N A T U R Ă Ă E G V I T V X
```

DIVERSITATE
SECETĂ
DURABILĂ
FAUNĂ
FLORĂ
COMUNITĂȚI
GLOBAL
HABITAT
CLIMAT

MARIN
MLAȘTINĂ
NATURĂ
FIRESC
PLANTE
SPECIE
VARIETATE
VEGETAȚIE

36 - Installaties

```
B  H  Y  A  Y  U  F  N  W  C  I  P  J  Y
G  A  U  Q  P  F  L  O  A  R  E  Ă  A  M
R  F  C  Z  P  U  O  M  R  E  D  D  H  U
Ă  A  E  Ă  S  J  R  C  I  Ș  E  U  O  Ș
D  S  S  B  P  F  Ă  K  O  T  R  R  Ţ  C
I  O  V  C  A  C  T  U  S  E  Ă  E  Ţ  H
N  L  E  R  S  M  P  C  O  H  N  X  B  I
Ă  E  G  Q  Q  Z  B  E  O  K  K  J  O  W
J  F  E  T  Z  F  R  U  N  Z  E  U  T  V
P  H  T  U  F  I  Ș  K  S  C  O  P  A  C
P  K  A  Î  N  G  R  Ă  Ş  Ă  M  Â  N  T
A  N  Ţ  R  Ă  D  Ă  C  I  N  Ă  B  I  P
O  T  I  A  R  B  Ă  K  S  D  E  Y  C  D
C  C  E  F  R  U  N  Z  Ă  P  J  H  Ă  Y
```

BAMBUS	IARBĂ
BACĂ	CREȘTE
FRUNZĂ	IEDERĂ
FLOARE	ÎNGRĂȘĂMÂNT
COPAC	MUȘCHI
FASOLE	BOTANICĂ
PĂDURE	TUFIȘ
CACTUS	GRĂDINĂ
FLORĂ	VEGETAȚIE
FRUNZE	RĂDĂCINĂ

37 - School #2

```
G  F  P  V  P  A  N  T  O  F  I  L  F  E
Y  R  E  S  H  U  I  H  Â  R  T  I  E  O
W  P  E  F  Ș  T  I  I  N  Ț  Ă  T  F  M
M  E  R  X  Ț  O  A  W  Z  E  P  E  O  K
J  A  E  P  O  B  F  R  M  D  R  R  A  B
C  P  T  K  R  U  S  T  L  U  O  A  R  I
R  A  Q  E  E  Z  P  E  Q  C  F  T  F  B
E  K  L  V  M  N  M  M  I  A  E  U  E  L
I  F  U  E  M  A  D  E  F  Ț  S  R  C  I
O  T  Z  M  N  L  T  U  A  I  O  Ă  E  O
N  H  Ț  M  R  D  N  I  R  E  R  R  W  T
R  U  C  S  A  C  A  R  C  I  B  U  B  E
I  S  T  I  L  O  U  R  I  Ă  A  W  M  C
C  A  L  C  U  L  A  T  O  R  R  B  W  Ă
```

BIBLIOTECĂ	STILOURI
AUTOBUZ	CREION
CALCULATOR	RUCSAC
TEME	FOARFECE
CALENDAR	PANTOFI
PROFESOR	WEEKEND-URI
LITERATURĂ	ȘTIINȚĂ
EDUCAȚIE	MATEMATICĂ
HÂRTIE	

38 - Oceaan

```
U E R U C R E V E T Ă X O R
R P K M O M B O Ţ I Ţ Y B E
V E F U R T U N Ă O S A A C
P F C Z A G R C R A B L R H
S E Z I L M E D U Z E G C I
A W Ş R F P T H Ţ K T E Ă N
R B M T H A E S T R I D I E
E M A R E E K V F P S O Y B
F A N T C A R A C A T I Ţ Ă
O B G O Z D E L F I N F E Z
C K H N V E O U J Z F E A I
W Z I R H O A R X Y M V J B
B A L E N Ă A I B C C G V G
F L Ă L I Y E S A E D E A T
```

ANGHILĂ	MEDUZE
ALGE	CARACATIŢĂ
BARCĂ	STRIDIE
DELFIN	RECIF
CREVETĂ	BURETE
MAREE	FURTUNĂ
VALURI	TON
RECHIN	PEŞTE
CORAL	BALENĂ
CRAB	SARE

39 - Landen #2

```
P  B  K  J  M  E  X  I  C  R  Y  S  Q  L
J  J  X  U  G  A  N  D  A  G  M  N  J  I
G  R  E  C  I  A  L  L  A  O  S  D  F  B
Q  N  A  X  U  C  R  A  I  N  A  X  R  E
R  U  S  I  A  H  Z  P  E  F  N  G  A  R
D  A  N  E  M  A  R  C  A  Z  N  H  N  I
O  L  K  T  I  L  I  B  A  N  I  Z  Ţ  A
H  K  G  I  E  R  H  X  M  X  G  A  A  N
W  Y  S  O  M  A  L  I  A  A  E  C  B  E
J  U  Z  P  S  N  Y  A  D  A  R  W  P  P
S  Q  L  I  Y  C  S  Z  N  G  I  K  L  A
A  O  G  A  S  I  R  I  A  D  A  Q  G  L
K  E  N  Y  A  F  E  T  P  H  A  Q  H  B
B  V  K  L  N  J  A  P  O  N  I  A  P  H
```

DANEMARCA	MALAEZIA
ETIOPIA	MEXIC
FRANŢA	NEPAL
GRECIA	NIGERIA
IRLANDA	UGANDA
JAPONIA	UCRAINA
KENYA	RUSIA
LAOS	SOMALIA
LIBAN	SIRIA
LIBERIA	

40 - Bloemen

```
L U T O H T N Q M R B G O U
M S K R O C A M T D U V U Q
S A H H B L R H R Q J O C P
H A C I U I C I A S O M I E
K E V D C L I B N P R V O T
N M I E H I S I D U K S M A
T A K E E A Ă S A V L P Ţ L
K R Q W T C K C F O T E V Ă
T G I S L M F U I Ţ L A W T
A A C F M C U S R Ţ A V H V
G R Q Q O M A G N O L I E J
X E Ţ J C I P L U M E R I A
B T G A R D E N I E A I Y T
P Ă P Ă D I E L A V A N D Ă
```

PETALĂ   MAGNOLIE
BUCHET   NARCISĂ
GARDENIE   ORHIDEE
HIBISCUS   PĂPĂDIE
IASOMIE   MAC
TRIFOI   BUJOR
LAVANDĂ   PLUMERIA
CRIN   TRANDAFIR
LILIAC   LALEA
MARGARETĂ

41 - Huisdieren

```
H  N  P  V  C  Â  I  N  E  N  G  A  P  Ă
A  P  I  E  A  Ă  C  D  O  J  U  Q  J  X
M  I  S  T  L  C  Ț  A  L  A  L  O  B  T
S  S  O  E  I  O  Ă  E  P  P  E  Ş  T  E
T  I  I  R  M  A  A  P  L  R  R  O  K  A
E  C  E  I  E  D  W  A  G  U  Ă  Ș  P  G
R  Ă  P  N  N  Ă  Ș  P  D  A  Ș  O  X  B
A  J  U  A  T  B  O  A  G  H  E  A  R  E
L  M  R  R  E  N  P  G  Q  I  P  R  F  U
T  J  E  O  J  Ţ  Â  A  W  E  J  E  L  L
S  C  G  V  O  C  R  L  F  L  Z  C  A  I
Y  N  F  Q  S  U  L  Ţ  I  R  Z  E  B  B
J  Y  G  I  Y  S  Ă  R  Y  R  R  P  E  S
V  I  W  V  D  C  V  L  G  U  I  Y  I  R
```

VETERINAR	GULER
CAPRĂ	ȘOARECE
ȘOPÂRLĂ	PAPAGAL
HAMSTER	LABE
CÂINE	CĂȚELUȘ
PISICĂ	COADĂ
PISOI	PEȘTE
GHEARE	ALIMENTE
VACĂ	APĂ
IEPURE	

42 - Landschappen

```
V J Q P L A J Ă Q T K G G C
A I S B E R G H E I Z E R A
L S O P Ș V G Y I S O M S
E M U N T E T D E A L C A C
Y C N N D R U E U T O E R A
W D Q R Ț E N J R O H A E D
M F D K U F D F Â Ă A N Q Ă
I G H E Ț A R M U R T Z J I
G N T M Z V Ă Y I X H V Ă S
Ț S S P E N I N S U L Ă K K
R I V U L C A N F C J G I I
F L R R L B M L A Ș T I N Ă
R E W G J Ă D A D E Ș E R T
B R Z B F R U C A U J Q A Q
```

MUNTE	OCEAN
INSULĂ	RÂU
GHEIZER	PENINSULĂ
GHEȚAR	PLAJĂ
PEȘTERĂ	TUNDRĂ
DEAL	VALE
AISBERG	VULCAN
LAC	CASCADĂ
MLAȘTINĂ	DEȘERT
OAZĂ	MARE

43 - Tuin

```
A F R B I P F P K Ţ R C T Z
A F C U D M Y L S D O O E N
Z V O R J F Ţ O O G I P R H
A R M U A M L L L A A A A H
A Y C I H A M A C R R C S U
W T T E T U F I Ş D B E Ă K
E T Y N G R Ă D I N Ă S L W
M H B I K E G G A Z O N I G
P D F I Z P F R Z D K D V I
F H C U U B E W E U I G A B
T B V E R A N D Ă B G O D A
T L O P A T Ă Y H L L O Ă I
A T R A M B U L I N Ă Ă M N
G A R A J B A N C Ă G Ţ I H
```

BANCĂ	GARD
FLOARE	BURUIENI
SOL	LOPATĂ
COPAC	FURTUN
LIVADĂ	TUFIŞ
GARAJ	TERASĂ
GAZON	TRAMBULINĂ
IARBĂ	GRĂDINĂ
HAMAC	VERANDĂ
GREBLĂ	IAZ

44 - Katten

```
J  P  E  M  V  Â  N  Ă  T  O  R  T  D  J
I  U  E  L  Z  F  E  O  R  A  P  I  D  G
N  K  C  R  C  Z  B  X  T  S  O  M  N  X
D  J  U  Ă  S  P  U  Q  O  L  F  I  R  E
E  V  R  Ș  U  O  N  G  D  O  B  D  D  U
P  B  I  T  O  Ş  N  A  M  U  Z  A  N  T
E  L  O  H  L  A  B  A  D  R  Y  M  I  C
N  A  S  A  F  P  R  Q  L  X  V  Ţ  B  O
D  N  D  P  H  H  W  E  A  I  M  D  F  A
E  Ă  B  K  X  W  H  P  C  Ţ  T  H  K  D
N  S  Ă  L  B  A  T  I  C  E  K  A  V  Ă
T  P  L  X  Ţ  J  E  Z  C  H  Y  H  T  T
C  K  V  Ţ  J  F  L  L  E  W  R  I  J  E
L  Ţ  M  U  U  I  G  H  E  A  R  Ă  Y  P
```

BLANĂ

FIRE

NEBUN

AMUZANT

VÂNĂTOR

GHEARĂ

MIC

ȘOARECE

CURIOS

INDEPENDENT

PERSONALITATE

LABA

SOMN

RAPID

JUCĂUŞ

COADĂ

TIMID

SĂLBATIC

45 - Beroepen #2

```
P  B  I  B  L  I  O  T  E  C  A  R  P  R
P  I  N  G  I  N  E  R  R  W  B  B  T  F
I  I  L  D  E  T  E  C  T  I  V  D  V  E
L  P  C  O  Q  H  Y  A  R  R  L  G  R  P
U  R  E  T  T  H  F  O  T  O  G  R  A  F
S  O  R  F  O  J  E  F  D  Z  Ţ  Ă  S  L
T  F  C  I  L  R  R  W  U  Ţ  A  D  T  I
R  E  E  L  Q  T  M  E  D  I  C  I  R  N
A  S  T  O  T  B  I  O  L  O  G  N  O  G
T  O  Ă  Z  O  L  E  Z  P  N  V  A  N  V
O  R  T  O  Y  V  R  O  L  V  J  R  A  I
R  R  O  F  D  E  N  T  I  S  T  I  U  S
J  U  R  N  A  L  I  S  T  Z  C  B  T  T
H  A  P  C  H  I  R  U  R  G  L  X  F  K
```

MEDIC	INGINER
ASTRONAUT	JURNALIST
BIBLIOTECAR	PROFESOR
BIOLOG	LINGVIST
FERMIER	CERCETĂTOR
CHIRURG	PILOT
DETECTIV	PICTOR
FILOZOF	DENTIST
FOTOGRAF	GRĂDINAR
ILUSTRATOR	

46 - Komedie

```
I U E T E A T R U A N G H Y
I M X Ţ E Y M P A C A C W C
O O P U B L I C C T P G W R
K R R R P I E D T O A Ţ V A
G B E D O R F V R R R Q U P
B Y S U I V D T I C O T C L
O G I N B S I A Ţ Z D G L A
Q X V U P Z T Z Ă W I L O U
A M U Z A N T R A A E U V Z
F R M C Y B F G A Ţ D M N E
G Â V U V Z V K H C I E I E
E S B V L J W J P U Ţ E A L
N I N T E L I G E N T I L I
S I X T K U B P V O A H E X
```

ACTOR
ACTRIŢĂ
APLAUZE
CLOVNI
EXPRESIV
RÂS
GEN
GLUME
AMUZANT

UMOR
IMPROVIZAŢIE
PARODIE
DISTRACŢIE
PUBLIC
INTELIGENT
TELEVIZIUNE
TEATRU

47 - Dagen en Maanden

```
M  A  C  A  L  E  N  D  A  R  S  F  O  S
I  A  U  G  C  G  W  S  Y  U  E  E  C  L
E  D  R  G  V  I  D  Q  O  X  P  B  T  C
R  U  L  T  U  N  U  Z  G  Y  T  R  O  T
C  M  U  R  I  S  J  N  W  M  E  U  M  O
U  I  N  D  A  E  T  J  I  S  M  A  B  R
R  N  Ă  G  N  C  M  O  L  E  B  R  R  A
I  I  T  S  U  N  V  I  N  E  R  I  I  A
X  C  Z  Â  A  W  M  U  H  Y  I  E  E  N
H  Ă  O  M  R  F  A  I  L  R  E  W  Z  S
O  L  A  B  I  N  R  L  I  U  L  I  E  A
W  U  R  Ă  E  Y  Ț  X  J  A  U  T  J  K
Y  N  Q  T  N  O  I  E  M  B  R  I  E  D
D  I  S  Ă  P  T  Ă  M  Â  N  Ă  P  L  X
```

AUGUST	LUNI
MARȚI	MARTIE
JOI	NOIEMBRIE
FEBRUARIE	OCTOMBRIE
AN	SEPTEMBRIE
IANUARIE	VINERI
IULIE	SĂPTĂMÂNĂ
IUNIE	MIERCURI
CALENDAR	SÂMBĂTĂ
LUNĂ	DUMINICĂ

48 - Beeldende Kunsten

```
P  C  C  Q  C  T  H  W  C  C  E  A  R  Ă
E  O  R  F  F  J  J  B  A  Y  J  R  O  C
R  M  E  G  S  F  B  P  P  H  O  T  Q  S
S  P  A  K  C  E  G  E  O  H  F  I  L  M
P  O  T  I  U  S  X  N  D  D  C  S  K  V
E  Z  I  F  L  H  G  Ș  O  D  Ă  T  N  P
C  I  V  N  P  I  X  E  P  C  R  P  N  I
T  Ț  I  P  T  L  E  V  E  E  B  L  A  C
I  I  T  U  F  W  A  R  R  U  Q  G  T
V  E  A  A  R  G  I  L  Ă  A  N  L  N  U
Ă  P  T  R  Ă  S  D  E  I  M  E  Ț  U  R
C  R  E  T  Ă  H  Ț  T  O  I  C  H  N  A
C  R  E  I  O  N  G  B  U  C  R  O  G  E
P  O  R  T  R  E  T  W  D  Ă  N  B  E  N
```

ARTIST	CAPODOPERĂ
SCULPTURĂ	PIX
CREATIVITATE	PERSPECTIVĂ
ȘEVALET	PORTRET
FILM	CREION
CĂRBUNE	COMPOZIȚIE
CERAMICĂ	PICTURA
ARGILĂ	LAC
CRETĂ	CEARĂ

49 - Menselijk Lichaam

```
T  Y  P  V  B  Q  S  V  F  I  N  I  M  Ă
Ţ  R  P  V  E  K  Â  P  S  A  B  S  Â  F
Ţ  U  W  B  Y  M  N  K  R  Z  L  B  N  Ţ
I  Ţ  K  C  M  U  G  U  R  Ă  B  C  Ă  R
Y  D  Ţ  J  I  Z  E  M  Y  E  X  A  Ă  G
U  T  Y  J  R  K  C  Ă  N  C  Z  P  D  L
R  A  P  I  C  I  O  R  A  M  M  I  E  E
E  S  W  P  U  P  V  B  Ţ  B  Y  E  M  Z
C  L  I  M  B  Ă  B  M  C  Ă  W  L  K  N
H  O  Y  Q  W  C  I  N  Ţ  R  D  E  T  Ă
E  S  T  E  Y  O  A  J  W  B  E  B  G  L
E  B  G  E  N  U  N  C  H  I  G  I  A  V
D  U  Â  Q  A  L  U  W  Z  E  E  I  E  P
H  N  T  V  S  T  O  M  A  C  T  Ţ  J  R
```

PICIOR   BĂRBIE
SÂNGE   GENUNCHI
COT   STOMAC
GLEZNĂ   GURĂ
MÂNĂ   GÂT
INIMĂ   NAS
CREIER   URECHE
CAP   UMĂR
PIELE   LIMBĂ
FALCĂ   DEGET

50 - Familie

```
Y B S M A M Ă Q M R C U Ţ Ţ
M L T T Ă F I I C A O A Y B
P R R V A T D Y S K P T W Ţ
A B Ă Z P T U E O S I O G D
T U M J F Ţ Ă Ş U K L U O Q
E N O U N C H I Ă P Ă Y Y G
R I Ş U P O S C S F R A T E
N C W M V P R O O W I X R H
Q A M J W I Q P Ţ F E C H K
P J H N T L N I U I S O R A
Q M G E M E N I L S E X Ţ K
E C M P L U U P Q B U N I C
N E P O A T Ă U T L L T Z X
B Ţ K T D Ţ Ţ D K O Y B E F
```

FRATE   UNCHI
FIICA   BUNIC
BUNICA   MĂTUŞĂ
COPILĂRIE   GEMENI
COPIL   TATĂ
COPII   PATERN
NEPOT   STRĂMOŞ
SOŢUL   SOŢIE
MAMĂ   SORA
NEPOATĂ

51 - Gebouwen

```
F  Ş  D  L  O  B  S  E  R  V  A  T  O  R
B  E  C  F  A  B  R  I  C  Ă  D  N  O  N
W  O  R  O  O  B  Q  O  W  P  Y  O  J  D
Q  T  Z  M  A  H  O  T  E  L  V  R  P  C
I  X  Z  X  Ă  L  N  R  T  I  E  L  U  O
C  A  S  T  E  L  Ă  H  A  M  B  A  R  R
C  A  B  I  N  Ă  J  G  A  T  U  R  N  T
I  T  S  P  I  T  A  L  M  T  O  P  J  H
N  E  Y  Y  Z  K  K  O  B  Q  Ţ  R  P  Q
E  A  M  R  P  M  S  T  A  D  I  O  N  Z
M  T  U  N  I  V  E  R  S  I  T  A  T  E
A  R  Z  A  P  A  R  T  A  M  E  N  T  K
C  U  E  C  G  G  J  Ţ  D  O  F  D  D  Z
W  O  U  Z  D  D  P  K  Ă  V  P  Ţ  D  S
```

AMBASADĂ
APARTAMENT
CINEMA
FERMĂ
CABINĂ
FABRICĂ
HOTEL
CASTEL
LABORATOR
MUZEU

OBSERVATOR
ŞCOALĂ
HAMBAR
STADION
CORT
TEATRU
TURN
UNIVERSITATE
SPITAL

52 - Kunst

```
V  Z  Y  P  I  C  P  V  I  Z  U  A  L  C
P  A  Ţ  E  E  N  E  O  B  G  O  S  G  O
H  X  U  R  E  G  S  R  E  Q  W  M  B  M
L  M  S  S  X  H  I  P  A  Z  N  F  N  P
O  D  C  O  P  T  M  E  I  M  I  D  A  O
S  I  U  N  R  V  P  N  S  R  I  E  R  Z
M  S  L  A  E  R  L  U  I  Z  A  C  N  I
W  P  P  L  S  S  U  J  N  V  J  T  Ă  Ţ
S  O  T  Y  I  U  A  Z  C  K  G  Ţ  J  I
I  Z  U  M  E  B  N  Ţ  E  E  K  Q  J  E
M  I  R  O  Z  I  P  O  R  T  R  E  T  P
B  T  Ă  T  U  E  O  R  I  G  I  N  A  L
O  I  Ţ  J  W  C  O  M  P  L  E  X  E  S
L  E  R  V  W  T  S  P  C  R  E  A  Q  B
```

SCULPTURĂ   ORIGINAL
COMPLEX   PERSONAL
CREA   POEZIE
SIMPLU   PORTRET
SINCER   COMPOZIŢIE
INSPIRAT   SIMBOL
DISPOZITIE   EXPRESIE
CERAMICĂ   VIZUAL
SUBIECT

53 - Beroepen #1

```
P C U V D V X X F B A N P R
O A G S S Â U A A I S E I B
M R B J W N E X W J T I A K
P T G J A Ă O T P U R I N M
I O I N S T A L A T O R I U
E G L G E O L O G I N S S Z
R R V P P R A E K E O A T I
G A A V O C A T T R M W L C
Q F E V E T E R I N A R O I
V K D A N S A T O R Y P T A
P S I H O L O G I Q K D A N
S L T D O C T O R D A O R M
I M O I M K W B A N C H E R
M X R F A R M A C I S T Z V
```

AVOCAT   DOCTOR
FARMACIST   EDITOR
ASTRONOM   GEOLOG
ATLET   VÂNĂTOR
BANCHER   BIJUTIER
POMPIER   INSTALATOR
CARTOGRAF   MUZICIAN
DANSATOR   PIANIST
VETERINAR   PSIHOLOG

54 - Kastelen

```
S A B I E D I N A S T I E N
L G Z T Y I D P C R G S Q O
R E G A T M U E A C M Y S B
F U M M D P Z R L L C U Z I
P Z C A S E F E U D A L R L
R R F C C R B T N H V T L Ă
I T I J U I A E I Z A E A N
N X J N T U R N C T L M B Y
Ț Q B J Ț R K V O A E N C R
F J K D V E P X R O R I N C
B A L A U R S C N V F Ț Z R
C O R O A N Ă Ă R U N Ă Y E
K C A T A P U L T A Ț I L L
H T V B T J A L R Q O B J O
```

BALAUR
DINASTIE
NOBIL
UNICORN
FEUDAL
ARMURĂ
CATAPULTA
TEMNIȚĂ
REGAT
COROANĂ

PERETE
CAL
PALAT
PRINȚ
PRINȚESĂ
CAVALER
IMPERIU
SCUT
TURN
SABIE

55 - Antarctica

```
O  G  E  C  Q  P  T  G  H  E  A  Ț  Ă  E
M  H  Ș  E  G  E  O  G  R  A  F  I  E  X
I  E  T  R  I  N  P  P  O  E  J  W  X  P
G  Ț  I  C  N  I  O  I  K  L  U  E  K  E
R  A  I  E  S  N  G  N  F  D  F  T  Y  D
A  R  N  T  U  S  R  G  M  G  R  W  A  I
Ț  I  Ț  Ă  L  U  A  U  N  E  X  A  U  Ț
I  S  I  T  E  L  F  I  Q  O  D  I  D  I
E  T  F  O  M  Ă  I  N  I  D  R  I  R  E
K  Â  I  R  O  Z  E  I  H  H  X  I  U  Z
H  N  C  V  C  O  N  T  I  N  E  N  T  A
N  C  O  N  S  E  R  V  A  R  E  Q  I  P
I  O  T  E  M  P  E  R  A  T  U  R  A  Ă
Q  S  M  I  N  E  R  A  L  E  U  N  Y  W
```

GOLF
CONSERVARE
CONTINENT
INSULE
EXPEDIȚIE
GEOGRAFIE
GHEȚARI
GHEAȚĂ
MIGRAȚIE
MINERALE

MEDIU
CERCETĂTOR
PINGUINI
STÂNCOS
PENINSULĂ
TEMPERATURA
TOPOGRAFIE
APĂ
ȘTIINȚIFIC
NORI

56 - Ballet

```
M  D  J  E  G  U  T  A  N  R  Y  H  Q  Y
F  H  K  C  R  W  E  S  P  Y  G  N  P  I
T  I  M  M  A  S  H  H  T  L  J  J  L  W
P  Q  T  U  Ț  K  N  N  V  W  A  P  V  X
O  R  H  Z  I  T  I  Y  H  Z  W  U  M  X
R  I  A  I  O  Ț  C  R  X  T  S  B  Z  A
C  T  Ț  C  S  T  Ă  G  R  Q  Q  L  J  E
H  M  P  Ă  T  E  X  P  R  E  S  I  V  M
E  N  P  N  I  I  Y  X  G  F  A  C  Z  U
S  Y  J  F  L  L  C  S  E  E  N  N  U  Ș
T  P  P  C  M  I  H  Ă  J  S  S  K  M  C
R  C  O  R  E  G  R  A  F  I  E  T  Y  H
Ă  D  A  N  S  A  T  O  R  I  Q  H  A  I
E  C  O  M  P  O  Z  I  T  O  R  M  J  H
```

APLAUZE
COREGRAFIE
COMPOZITOR
DANSATORI
EXPRESIV
GEST
MUZICĂ
ORCHESTRĂ

PRACTICĂ
PUBLIC
RITM
GRAȚIOS
MUȘCHI
STIL
TEHNICĂ

57 - Vissen

```
S E X A G E R A R E M M S G
U E Q F A C Â Ă T G W P Â R
I W Z X P Â U L B C O Ş R E
H N K O Ă R M K T D Q Y M U
V Q L C N L J O P L A J Ă T
W K U E Q I J O M G N R Z A
L J O A N G Q A I E X H E T
A A T N C B U C Ă T A R J E
C K B R A N H I I F N L I D
A R I P I O A R E Z D E Ă M
Ţ N B Ţ Q H B R D Z H B Â T
E W W K W E F A L C Ă A V Y
E C H I P A M E N T J A T E
B A R C Ă I H T Y Ţ I S B M
```

MOMEALĂ   COŞ
ECHIPAMENT   LAC
BARCĂ   OCEAN
SÂRMĂ   EXAGERARE
RĂBDARE   RÂU
GREUTATE   SEZON
CÂRLIG   PLAJĂ
FALCĂ   ARIPIOARE
BRANHII   APĂ
BUCĂTAR

58 - Fruit

```
M U K H C Z C L Ă M Â I E A
P Ă D K A K I W I H M Y B X
N I R X I Z R R X K W S X H
U S E C S B E B A N A N Ă P
C T Q R Ă C A N A N A S P A
Ă R L N S V Ș C B N P I O R
D U A F R I Ă K Ă E A N R Ă
E G V V O W C R Z C P Y T V
C U O F O R I Ă M T A F O B
O R C P E P E N E A Y G C Q
C I A J A R G G U R A W A T
O E D D R U Q Z R I T Z L N
S M O B J N U X Ă N D L I V
M A N G O Ă R G C Ă H H U E
```

CAISĂ	KIWI
ANANAS	NUCĂ DE COCOS
MĂR	MANGO
AVOCADO	PEPENE
BANANĂ	NECTARINĂ
BACĂ	PORTOCALIU
LĂMÂIE	PAPAYA
STRUGURI	PARĂ
ZMEURĂ	PIERSICĂ
CIREAȘĂ	PRUNĂ

59 - Literatuur

```
N  P  U  I  T  E  M  Ă  B  F  I  M  A  A
M  Z  U  S  O  I  S  E  U  T  H  Y  U  N
N  Ţ  V  W  N  M  B  C  T  R  V  Q  T  A
A  N  A  L  O  G  I  E  S  A  P  N  O  L
N  K  Z  C  D  D  O  E  T  G  F  D  R  I
A  T  Ţ  O  I  F  G  I  I  E  H  O  Y  Z
R  R  O  M  A  N  R  N  L  D  U  W  R  Ă
A  G  S  P  L  U  A  M  W  I  Y  V  I  Ă
T  G  Q  A  O  V  F  P  O  E  M  R  T  X
O  L  G  R  G  W  I  E  O  T  D  I  M  Z
R  Ţ  Q  A  G  A  E  Q  N  E  I  M  C  L
F  I  C  Ţ  I  U  N  E  Z  B  T  Ă  C  D
O  O  P  I  N  I  E  Z  A  Q  X  I  B  Q
W  U  I  E  A  N  E  C  D  O  T  Ă  C  J
```

ANALOGIE	POETIC
ANALIZĂ	RIMĂ
ANECDOTĂ	RITM
AUTOR	ROMAN
BIOGRAFIE	STIL
DIALOG	TEMĂ
FICŢIUNE	TRAGEDIE
POEM	COMPARAŢIE
OPINIE	NARATOR
METAFORĂ	

60 - Technologie

```
M C Q F U M C B H N Y D A S
D E B R O W S E R T Y G P T
A R S C J N X K C F I Y A A
T C E A H Z T C U R S O R T
E E C L J D I G I T A L A I
V T U C E Ţ I F Q E L N T S
I A R U G J V I R U S N F T
R R I L C E G Ş A C G H O I
T E T A N W X I O I N Ţ T C
U G A T B Y T E S R M X O I
A B T O H Z O R W M O D S T
L L E R I N T E R N E T P N
S O F T W A R E Y A U X J U
K G D N D R I R I C M O Ţ W
```

MESAJ
FIŞIER
BLOG
BROWSER
BYTES
APARAT FOTO
CALCULATOR
CURSOR
DIGITAL
DATE

INTERNET
FONT
CERCETARE
ECRAN
SOFTWARE
STATISTICI
SECURITATE
VIRTUAL
VIRUS

61 - Boeken

```
D  N  A  R  A  T  O  R  C  A  U  T  O  R
O  U  L  T  O  F  X  P  O  V  E  S  T  E
I  K  A  K  X  Y  A  T  N  O  O  Y  P  L
S  U  C  L  Q  E  L  V  T  R  Ţ  E  O  E
T  C  K  F  I  C  O  L  E  C  Ţ  I  E  V
O  V  R  M  P  T  Q  N  X  N  M  W  Z  A
R  W  B  I  I  A  A  S  T  R  T  E  I  N
I  F  D  Y  S  T  R  T  P  U  K  U  E  T
C  I  T  I  T  O  R  G  E  P  J  J  R  X
K  F  R  B  S  R  O  Z  P  R  U  U  D  Ă
W  O  A  S  Ţ  I  M  L  I  T  E  R  A  R
Q  U  G  Y  Q  B  A  Z  C  J  I  O  X  Y
B  M  I  N  V  E  N  T  I  V  P  Ţ  W  R
X  D  C  C  P  O  E  M  P  A  G  I  N  Ă
```

AUTOR	INVENTIV
AVENTURĂ	CITITOR
PAGINĂ	LITERAR
COLECŢIE	POEZIE
CONTEXT	RELEVANT
DUALITATE	ROMAN
EPIC	TRAGIC
POEM	POVESTE
SCRIS	NARATOR
ISTORIC	

62 - Meer Informatie

```
F U T U R I S T C O J Y Q K
M C L D R L Q U I O U W O N
T I M I Z U D B N G M Y R K
E M S S Ţ Z W Y E C L I A K
H A R T H I B P M M Q L C R
N G L O E E P Y A U E U O T
O I C P Y R E X T R E M L H
L N Ă I G Z I P L A N E T Ă
O A R E X P L O Z I E Z P U
G R Ţ F A N T A S T I C P T
I X I O N P X A M B B Y I O
E Ţ S C E N A R I U D S D P
R O B O Ţ I G A L A X I E I
O L Q V Z R E A L I S T R E
```

CINEMA	MISTERIOS
CĂRŢI	ORACOL
FOC	PLANETĂ
IMAGINAR	REALIST
DISTOPIE	ROBOŢI
EXPLOZIE	SCENARIU
EXTREM	GALAXIE
FANTASTIC	TEHNOLOGIE
FUTURIST	UTOPIE
ILUZIE	LUME

63 - Regenwoud

```
E  A  R  E  S  T  A  U  R  A  R  E  M  H
B  Z  M  X  C  O  N  S  E  R  V  A  R  E
H  I  G  F  L  Y  C  B  O  T  A  N  I  C
J  M  I  D  I  V  E  R  S  I  T  A  T  E
R  U  P  M  M  B  B  V  K  W  C  T  A  I
E  S  N  O  A  P  I  V  D  C  F  U  G  N
S  P  O  G  T  Ă  M  E  A  J  T  R  V  S
P  E  R  Z  L  S  U  P  N  L  U  Ă  K  E
E  C  I  G  M  Ă  Ș  T  C  I  O  I  I  C
C  I  S  R  E  R  C  Y  P  Y  S  R  L  T
T  E  D  L  U  I  H  A  X  P  E  S  O  E
S  U  P  R  A  V  I  E  Ț  U  I  R  E  S
B  X  X  W  R  M  I  N  D  I  G  E  N  E
C  O  M  U  N  I  T  A  T  E  F  Q  L  J
```

AMFIBIENI	MUȘCHI
CONSERVARE	NATURĂ
BOTANIC	SUPRAVIEȚUIRE
DIVERSITATE	RESPECT
COMUNITATE	RESTAURARE
INDIGENE	SPECIE
INSECTE	PĂSĂRI
JUNGLĂ	VALOROS
CLIMAT	NORI

64 - Haartypes

```
K A U O X K R F X L N Q U B
I R B N E G R U P U D E V U
G G G D A O B M C N S D G C
L I B U Z Q G A R G C C R L
Ţ N B L O N D R E M C B I E
K T M A Q C G O T E H B H W
U A S T C O U I O Q E W M D
H S Î M P L E T I T L D U S
M R C G R O S C U R T W V S
M O B A Z R U P K O K A G C
M M A H T A I F M L B A R A
V S L L V T A G H O C X M L
U Y B Q E E S Ă N Ă T O S P
E Q A C S U B Ţ I R E J X O
```

BLOND	SCALP
MARO	CHEL
GROS	SCURT
USCAT	BUCLE
SUBŢIRE	CRET
COLORATE	LUNG
ÎMPLETIT	ALB
SĂNĂTOS	MOALE
ONDULAT	ARGINT
GRI	NEGRU

65 - Stad

```
T  R  L  I  B  R  Ă  R  I  E  B  U  H  T
A  E  R  O  P  O  R  T  F  S  I  N  L  E
V  S  P  I  A  Ț  Ă  K  Q  T  B  I  B  A
Y  T  Q  C  L  I  N  I  C  A  L  V  A  T
G  A  L  E  R  I  E  B  L  D  I  E  N  R
B  U  L  A  O  D  P  X  K  I  O  R  C  U
R  R  Ș  V  Y  J  F  E  J  O  T  S  Ă  F
U  A  C  C  I  N  E  M  A  N  E  I  F  A
T  N  E  Z  O  M  U  Z  E  U  C  T  L  R
Ă  T  M  A  G  A  Z  I  N  Q  Ă  A  O  M
R  Q  H  O  T  E  L  H  J  F  D  T  R  A
I  M  C  Ț  G  L  Y  Ă  M  V  U  E  A  C
E  S  U  P  E  R  M  A  R  K  E  T  R  I
J  N  Y  A  O  K  N  L  L  P  C  V  X  E
```

FARMACIE	AEROPORT
BRUTĂRIE	PIAȚĂ
BANCĂ	MUZEU
BIBLIOTECĂ	RESTAURANT
CINEMA	ȘCOALĂ
FLORAR	STADION
LIBRĂRIE	SUPERMARKET
GALERIE	TEATRU
HOTEL	UNIVERSITATE
CLINICA	MAGAZIN

66 - Natuur

```
F T R O P I C A L A G N L S
F R U M U S E Ț E N X Ț M Ă
N W U E D W A S V I T A L L
J O W N C Q Ț T A M S D D B
W C R W Z Z Ă Â L A A Ă E A
P Q C I S E K N B L N P Ș T
P Ă D U R E L C I E C O E I
G H E Ț A R N I N N T S R C
E B Q F C O H I E R U T T X
G O X L E Z L W N N A D M Ț
D I N A M I C J G M R Z E A
M N R D I U A R C T I C B U
Z P J E N N N Â I F L X B D
V R Y R X E Q U S H C C W W
```

ARCTIC	CEAȚĂ
ALBINE	RÂU
PĂDURE	FRUMUSEȚE
ANIMALE	ADĂPOST
DINAMIC	SENIN
EROZIUNE	TROPICAL
FRUNZE	VITAL
GHEȚAR	SĂLBATIC
SANCTUAR	DEȘERT
STÂNCI	NORI

67 - Dinosaurussen

```
Ţ  W  M  R  A  P  T  O  R  O  M  E  Q  A
R  P  R  A  D  Ă  O  N  N  M  Ă  R  H  R
X  R  G  I  M  C  N  N  I  N  R  B  H  I
G  E  V  O  L  U  Ţ  I  E  I  I  I  P  P
Ţ  I  C  A  Ţ  X  T  A  N  V  M  V  P  I
U  S  F  O  S  I  L  E  O  O  E  O  U  W
T  T  G  G  A  A  D  F  R  R  A  R  T  Ţ
E  O  Ţ  F  C  D  U  F  M  Q  L  B  E  M
Y  R  O  S  S  P  Ă  M  Â  N  T  I  R  Y
D  I  S  P  A  R  I  Ţ  I  E  D  U  N  R
M  C  R  E  P  T  I  L  Ă  W  B  Z  I  H
R  A  T  C  C  A  R  N  I  V  O  R  C  Q
S  R  R  I  V  I  C  I  O  S  S  W  W  H
N  B  M  E  Y  D  B  C  G  B  N  P  R  L
```

PĂMÂNT	OMNIVOR
CARNIVOR	PREISTORIC
ENORM	PRADĂ
EVOLUŢIE	REPTILĂ
FOSILE	RAPTOR
MARE	SPECIE
MĂRIMEA	COADĂ
ERBIVOR	DISPARIŢIE
PUTERNIC	VICIOS
MAMUT	ARIPI

68 - Zoogdieren

```
X  H  L  C  A  L  T  I  N  L  X  M  L  W
T  N  F  A  Ţ  E  A  E  W  J  G  O  F  M
C  Â  I  N  E  U  U  P  U  S  R  Ţ  V  Q
O  Z  Q  G  R  L  R  U  M  V  D  A  C  P
I  B  M  U  G  M  O  R  B  Ă  U  X  C  K
O  A  A  R  I  D  Z  E  E  H  G  L  A  J
T  L  I  Y  R  M  V  H  F  H  O  A  P  D
T  E  M  C  A  S  T  O  R  B  R  H  R  E
V  N  U  O  F  I  R  Q  D  G  I  K  Ă  L
Y  Ă  Ţ  C  Ă  M  I  L  Ă  Ţ  L  A  S  F
T  M  Ă  E  L  E  F  A  N  T  Ă  U  B  I
U  Ţ  L  F  M  J  E  F  Y  A  K  X  K  N
P  P  I  S  I  C  Ă  L  S  Y  M  K  Z  T
V  Z  N  J  O  L  U  P  Ţ  G  H  C  X  A
```

MAIMUŢĂ	CANGUR
CASTOR	PISICĂ
COIOT	IEPURE
DELFIN	LEU
MĂGAR	ELEFANT
CAPRĂ	CAL
GIRAFĂ	TAUR
GORILĂ	VULPE
CÂINE	BALENĂ
CĂMILĂ	LUP

69 - 1 Jaar Geleden

```
D E C I S I V P A C I E N T
G E N P P E N P R A C T I C
B E Î Y F K Ţ G T J A L Y M
Y P N N Q O H S I Ţ O Ţ Ţ F
G Ţ F E C Z P A S I O N A T
A C E I R R L S T P Q H N S
Y Ţ P I G O E F I C I E N T
M O D E S T S D C U R A T Z
H M L I N D E P E N D E N T
A M U Z A N T H T R S Q H R
U Z G I N T E L I G E N T U
W T S Y B Î N Ţ E L E P T M
I N I D U C U R I O S Y D M
Z J G L N V M P B A P X J Q
```

ARTISTIC
UTIL
MODEST
DECISIV
DE ÎNCREDERE
EFICIENT
PASIONAT
BUN
AMUZANT

GENEROS
INTELIGENT
CURIOS
INDEPENDENT
PACIENT
PRACTIC
CURAT
ÎNȚELEPT

70 - Kampioenschap

```
I  S  P  O  R  T  U  R  N  E  U  A  D  R
O  T  R  A  N  S  P  I  R  A  Ț  I  E  X
E  R  P  E  R  F  O  R  M  A  N  Ţ  Ă  E
Q  A  G  L  O  U  A  N  T  R  E  N  O  R
N  T  J  U  D  E  C  Ă  T  O  R  Y  O  D
Z  E  Ţ  K  J  C  A  M  P  I  O  N  W  I
A  G  N  O  O  A  H  J  O  W  O  B  F  M
L  I  G  Ă  S  M  O  T  I  V  A  Ț  I  E
E  E  Z  Y  Z  P  E  L  M  N  Q  O  N  D
J  O  C  U  R  I  Y  C  O  E  R  U  A  A
H  C  Q  A  V  O  U  T  H  V  Ţ  D  L  L
C  W  E  U  B  N  G  R  A  I  Q  K  I  I
T  I  X  X  I  A  L  O  L  R  P  P  S  E
D  I  V  I  C  T  O  R  I  E  V  Ă  T  I
```

FINALIST   JUDECĂTOR
JOCURI   SPORT
CAMPION   STRATEGIE
CAMPIONAT   ECHIPĂ
LIGĂ   TURNEU
MEDALIE   ANTRENOR
MOTIVAȚIE   TRANSPIRAȚIE
PERFORMANȚĂ   VICTORIE

71 - Exploratie

```
E P K O C Ă L Ă T O R I E D
Y M E S Q Y A N I M A L E E
N E O R W C N X F C C M S S
E K F Ț I C N P O U T X A C
C P E R I C O L E R I S D O
U U R V E E U V R A V P T P
N V P G M P U L E J I A E E
O V F X B K U L O N T Ț R R
S S Ă L B A T I C S A I E I
C U L T U R I M Z W T U N R
U R N G Z X G B H A E O P E
T M C E F X J A U V R D N H
D E T E R M I N A R E E U A
Î N D E P Ă R T A T F Z C N
```

ACTIVITATE
DETERMINARE
CULTURI
ANIMALE
PERICULOS
PERICOLE
CURAJ
NOU
NECUNOSCUT

DESCOPERIRE
EMOȚIE
CĂLĂTORIE
SPAȚIU
LIMBA
TEREN
EPUIZARE
ÎNDEPĂRTAT
SĂLBATIC

72 - Voertuigen

```
M  S  X  F  Q  L  A  V  E  A  B  C  C  M
E  A  L  E  J  I  N  V  L  U  G  A  A  T
T  M  Ș  U  A  B  V  W  I  T  D  R  M  I
R  B  Q  I  M  A  E  H  C  O  Ţ  A  I  Y
O  U  X  B  N  C  L  U  O  B  N  V  O  H
U  L  H  A  Z  Ă  O  G  P  U  D  A  N  C
S  A  T  R  E  N  P  T  T  Z  C  N  H  M
E  N  S  C  U  T  E  R  E  P  E  Ă  P  X
M  Ţ  G  Ă  D  N  A  C  R  A  Z  V  L  N
O  Ă  K  A  R  W  W  X  Ţ  F  Ţ  Ţ  U  E
T  E  S  U  B  M  A  R  I  N  G  Y  T  J
O  P  X  S  B  I  C  I  C  L  E  T  Ă  B
R  A  C  H  E  T  Ă  T  R  A  C  T  O  R
M  A  B  X  X  E  Q  E  Ţ  G  O  X  Z  Z
```

AMBULANȚĂ	SUBMARIN
MAȘINĂ	RACHETĂ
ANVELOPE	SCUTER
BARCĂ	TAXI
AUTOBUZ	TRACTOR
CARAVANĂ	TREN
BICICLETĂ	BAC
ELICOPTER	AVION
METROU	PLUTĂ
MOTOR	CAMION

73 - Geografie

```
K J W E D O M U N T E E U Q
E M I S F E R Ă R T P C D C
M Y G V Y V R A F Â X U A B
W J E M E T R P Ș K U A R O
M A R E T S S K H A R T Ă C
B Ț F R Ţ A T L A S E O L E
L A T I T U D I N E Q R U A
Q R W D Y D X O N M E B M N
F Ă J I I D Ţ J N O R D E B
L K A A R E G I U N E H S T
T I A N Z V I N S U L Ă U W
C O N T I N E N T V O I D D
A L T I T U D I N E L M U F
K J K U E W K X L G M B L G
```

ATLAS	MERIDIAN
MUNTE	NORD
LATITUDINE	OCEAN
CONTINENT	REGIUNE
INSULĂ	RÂU
ECUATOR	ORAȘ
EMISFERĂ	LUME
ALTITUDINE	VEST
HARTĂ	MARE
ȚARĂ	SUD

74 - Kunstbenodigdheden

```
C  A  C  F  C  F  L  I  P  I  C  I  O  X
C  P  R  B  U  J  Z  L  E  L  T  J  P  Ș
E  A  E  X  L  K  H  Â  R  T  I  E  Ț  E
R  R  A  X  O  U  A  Y  I  C  I  Z  Q  V
N  A  T  Z  R  A  E  W  I  K  A  H  Y  A
E  T  I  P  I  C  R  E  I  O  A  N  E  L
A  F  V  A  V  U  U  V  O  P  S  E  L  E
L  O  I  S  G  A  R  A  D  I  E  R  Ă  T
Ă  T  T  T  Y  R  Q  S  S  C  A  U  N  E
Z  O  A  E  G  E  T  A  B  E  L  K  Q  K
O  H  T  L  E  L  Ț  H  V  A  L  T  T  U
A  B  E  U  L  E  H  Q  W  X  P  U  Y  L
O  B  L  R  A  C  R  I  L  I  C  Ă  T  E
Z  H  X  I  C  Ă  R  B  U  N  E  Q  I  I
```

ACRILIC	CULORI
ACUARELE	LIPICI
PERII	ULEI
APARAT FOTO	HÂRTIE
CREATIVITATE	PASTELURI
ȘEVALET	CREIOANE
RADIERĂ	SCAUN
CĂRBUNE	TABEL
CERNEALĂ	VOPSELE
LUT	APĂ

75 - Barbecues

```
T  T  A  I  M  P  B  W  V  S  S  Y  F  S
A  I  S  P  H  U  X  E  N  A  A  Z  R  A
Z  S  L  S  L  Z  Z  B  D  Z  R  W  U  L
S  K  F  I  E  R  B  I  N  T  E  Ă  C  A
G  O  P  F  G  O  L  N  C  I  N  A  T  T
R  L  S  A  U  S  O  V  U  Ă  L  R  H  E
Ă  S  C  M  M  I  H  I  Ț  N  S  G  H  B
T  G  C  I  E  I  H  T  I  S  Y  V  Q  T
A  K  H  L  G  G  O  A  T  F  O  A  M  E
R  R  P  I  P  E  R  Ț  E  U  R  B  J  F
C  E  U  E  E  R  O  I  P  R  Â  N  Z  Ț
K  W  I  M  V  J  U  E  M  C  E  A  P  Ă
I  Y  Ț  G  O  F  M  I  X  I  N  J  Z  H
P  A  M  I  B  V  X  Y  P  O  U  W  S  K
```

CINA	MUZICĂ
FAMILIE	PIPER
FRUCT	SALATE
GRĂTAR	SOS
LEGUME	ROSII
FIERBINTE	CEAPĂ
FOAME	INVITAȚIE
PUI	FURCI
PRÂNZ	VARĂ
CUȚITE	SARE

76 - Wetenschappelijke Discip

```
E E K R M Q E C A N G I A R
M C W C E P R H R M E M S A
I G O V T Ţ O I H E O U T Ţ
N A G L E P B M E C L N R C
E Z R K O G O I O A O O O E
R C W H R G T E L N G L N B
A N A T O M I E O I I O O O
L G Z X L J C E G C E G M T
O P M J O B A L I A G I I A
G A F K G A N P E W O E E N
I B K F I Z I O L O G I E I
E Q K N E U R O L O G I E C
P S I H O L O G I E Z I S Ă
S O C I O L O G I E K O U P
```

ANATOMIE	MECANICA
ARHEOLOGIE	METEOROLOGIE
ASTRONOMIE	MINERALOGIE
CHIMIE	NEUROLOGIE
ECOLOGIE	BOTANICĂ
FIZIOLOGIE	PSIHOLOGIE
GEOLOGIE	ROBOTICA
IMUNOLOGIE	SOCIOLOGIE

77 - Bijvoeglijke Naamwoorden

```
O  L  A  D  S  O  M  N  O  R  O  S  W  I
P  B  N  R  E  S  Ă  N  Ă  T  O  S  A  N
U  P  O  E  G  S  Ă  L  B  A  T  I  C  T
T  R  R  S  K  A  C  P  U  R  G  S  M  E
E  O  M  P  I  U  L  R  M  L  F  O  Â  R
R  D  A  O  P  T  T  S  I  Y  P  O  N  E
N  U  L  N  V  E  W  X  O  P  M  I  D  S
I  C  L  S  G  N  O  U  V  S  T  H  R  A
C  T  P  A  A  T  F  S  B  E  Ă  I  U  N
U  I  M  B  D  I  F  O  A  M  E  R  V  T
Q  V  F  I  M  C  R  E  A  T  I  V  A  E
B  Ţ  H  L  F  I  R  E  S  C  W  D  S  T
D  R  A  M  A  T  I  C  F  N  V  V  Z  C
T  A  L  E  N  T  A  T  G  Y  U  X  Ţ  Z
```

AUTENTIC	NOU
TALENTAT	NORMAL
DESCRIPTIV	PRODUCTIV
CREATIV	SOMNOROS
DRAMATIC	PUTERNIC
SĂNĂTOS	MÂNDRU
FOAME	RESPONSABIL
INTERESANT	SĂLBATIC
OBOSIT	SĂRAT
FIRESC	PUR

78 - Kleding

```
P A N T A L O N I C T K K A
S E S E Ș A R F Ă G U G J C
Ș R O C H I E V D F J R B Ă
B O E W K C H J P A R J E M
R P S A C O U H A I N A P A
Ă Ă B E V L D W N W F K I Ș
Ț L L P T I T L T F Y S J Ă
A Ă U L O E D O O I O M A I
R R Z F O R X H F S M O M D
Ă I Ă Ș U M Ă N U Ș I D A L
J E X O V S R O U F R Ă X J
J E H R U T T S A N D A L E
D O X Ț Ț A C A L S G B W Ț
H X P U L O V E R G W X J C
```

BRĂȚARĂ   PIJAMA
BLUZĂ   CUREA
PANTALONI   FUSTA
MĂNUȘI   SANDALE
PĂLĂRIE   PANTOF
HAINA   ȘORȚ
SACOU   CĂMAȘĂ
ROCHIE   EȘARFĂ
COLIER   ȘOSETE
MODĂ   PULOVER

79 - Vliegtuigen

```
A V E N T U R Ă M P C K D F
C O B O R Â R E C H I P A J
N C O M B U S T I B I L Y L
A A A G W M F T A O Z Î O D
T H V J T U R B U L E N Ț Ă
M I D I R E C Ț I E B Ă R A
O D M S G Ț U E T M J L Z T
S R M T P A S A G E R Ț Z E
F O V O R I T L M G G I J R
E G A R C T L H Ț O N M K I
R E U I B A L O N L T E K Z
Ă N X E C E R Q T C M O S A
C O N S T R U C Ț I E L R R
Y A V S P M O D E L O L C E
```

COBORÂRE   ATERIZARE
ATMOSFERĂ   AER
AVENTURĂ   MOTOR
BALON   NAVIGA
ECHIPAJ   MODEL
CONSTRUCȚIE   PASAGER
COMBUSTIBIL   PILOT
ISTORIE   DIRECȚIE
CER   TURBULENȚĂ
ÎNĂLȚIME   HIDROGEN

80 - Herbalisme

```
Z I A L G V E R D E L M H Z
M I A L A R O M A T S A X A
A H B O U M Ă R A R D G R Y
P P E L S G R D X N D H I G
N C U Z T A B O I V Q I N Y
J U S C U V U R Z N J R G L
F L O A R E S J W M Ă A R L
E I R L O S U H J A A N E A
N N E I I C I M B R U R D V
I A G T G Z O W G O Ţ U I A
C R A A A U C Y Y M W M E N
U C N T A R H O N Ă U H N D
L X O E Ș O F R A N Z V T Ă
H Z P Ă T R U N J E L Y C Q
```

AROMAT
BUSUIOC
FLOARE
CULINAR
MĂRAR
TARHON
VERDE
INGREDIENT
USTUROI
CALITATE

LAVANDĂ
MAGHIRAN
OREGANO
PĂTRUNJEL
ROZMARIN
ȘOFRAN
AROMĂ
CIMBRU
GRĂDINĂ
FENICUL

81 - Meubels

```
B V M X R L K F V S P F V D
P V Y I D A B K O J J B R X
H E Y M U M A Y G T D I P Q
Q Y R B M P N G L X O B M B
C B A N C Ă J O I O X L B P
O I F S E U L D N A W I I I
V D T C X O Ţ G D R J O R U
O Q U A P Ţ N C Ă A Z T O E
R B R U P E R D E L E E U S
J O I N Y T R H A M A C K A
B Ţ W F U T O N P A T Ă Y L
D U L A P E C O Ă I A U G T
U N Y S C C R Q Q E P X E E
S J A C D Ţ A B K C S O H A
```

BANCĂ
PAT
BIBLIOTECĂ
BIROU
DULAP
FOTOLIU
FUTON
PERDELE
HAMAC

PERNĂ
PERNE
LAMPĂ
SALTEA
RAFTURI
OGLINDĂ
SCAUN
COVOR

82 - Piraten

```
W  L  B  R  P  A  P  A  G  A  L  D  C  K
M  C  E  C  O  M  O  A  R  Ă  Z  R  I  J
X  E  R  G  W  M  P  L  A  J  Ă  A  C  R
X  B  M  E  E  A  K  Z  V  A  J  P  A  I
O  C  E  A  N  N  P  E  E  U  U  E  T  L
S  A  B  I  E  C  D  C  N  R  J  L  R  H
G  E  Ţ  G  P  O  E  Ă  T  M  S  C  I  C
Q  X  K  D  E  R  C  P  U  J  P  T  C  D
B  H  T  D  Ș  Ă  H  I  R  V  E  J  E  X
Q  A  M  T  T  I  I  T  Ă  P  R  M  H  C
H  R  E  N  E  F  P  A  M  R  I  N  Ţ  Ţ
I  T  S  G  R  F  A  N  F  S  C  P  U  E
U  Ă  F  B  Ă  Ă  J  B  U  S  O  L  Ă  T
W  D  A  I  N  S  U  L  Ă  C  L  U  W  H
```

ANCORĂ	LEGENDĂ
AVENTURĂ	CICATRICE
ECHIPAJ	OCEAN
INSULĂ	PAPAGAL
PERICOL	ROM
AUR	COMOARĂ
PEȘTERĂ	RĂU
HARTĂ	PLAJĂ
CĂPITAN	DRAPEL
BUSOLĂ	SABIE

83 - Om in te Vullen

```
C  L  F  B  U  T  O  I  G  P  P  V  B  U
E  E  Z  O  E  U  A  H  O  C  A  L  O  Q
U  T  Q  M  G  B  P  V  G  O  C  B  R  T
C  P  O  D  S  D  F  A  Ă  Ş  H  D  C  O
M  M  O  W  C  Y  Q  L  L  L  E  E  A  P
U  W  Q  F  M  T  Ţ  I  E  A  T  L  N  F
S  T  I  C  L  Ă  T  Z  A  C  D  M  W  H
W  E  L  P  A  L  Q  Ă  T  U  O  Ă  Z  X
C  I  R  L  J  V  A  Z  Ă  T  S  G  A  Q
G  M  A  T  B  A  Z  I  N  I  A  B  V  A
P  L  I  C  A  E  T  T  L  E  R  G  G  L
Y  W  G  G  P  R  B  U  Z  U  N  A  R  D
L  R  X  Y  N  B  S  J  R  Y  N  I  K  T
K  M  U  T  L  Y  X  X  S  E  R  P  L  T
```

BAZIN	SERTAR
TUB	COŞ
TAVĂ	DOSAR
CUTIE	PACHET
GĂLEATĂ	BORCAN
PLIC	VAZĂ
STICLĂ	BUTOI
VALIZĂ	BUZUNAR
LADĂ	

84 - Surfen

```
M  O  V  D  I  S  T  R  A  C  Ț  I  E  S
S  Ț  I  G  S  S  P  U  M  Ă  V  S  W  T
U  L  T  Ă  R  I  E  M  Q  U  R  O  Y  I
B  W  E  E  H  S  Ț  Ț  A  F  E  C  Y  L
C  V  Z  W  Z  Q  Ț  R  S  P  M  E  P  Y
Ț  A  Ă  P  O  P  U  L  A  R  E  A  M  Z
K  L  M  D  Z  H  A  T  L  E  T  N  P  B
E  A  X  P  T  N  E  L  R  P  L  A  J  Ă
P  X  W  H  I  Î  N  C  E  P  Ă  T  O  R
W  L  T  A  M  O  M  E  C  T  Ț  F  Ț  L
J  B  L  R  K  N  N  Q  I  T  Ă  O  L  Q
C  X  C  F  E  L  E  A  F  S  P  R  A  Y
K  Z  B  S  F  M  U  L  Ț  I  M  I  Ț  O
J  B  P  O  S  T  O  M  A  C  B  A  Y  E
```

ATLET	DISTRACȚIE
ÎNCEPĂTOR	POPULAR
EXTREM	RECIF
VAL	SPUMĂ
CAMPION	VITEZĂ
TĂRIE	SPRAY
STOMAC	STIL
MULȚIMI	PLAJĂ
OCEAN	VREME
PALETĂ	

85 - Rijden

```
D  W  X  J  J  P  O  L  I  T  I  E  B  T
R  M  O  T  O  C  I  C  L  E  T  Ă  D  R
U  A  W  F  R  Â  N  E  U  W  X  H  Y  A
M  Ș  C  E  P  U  C  D  T  U  N  E  L  F
L  I  C  E  N  Ț  Ă  S  D  O  H  H  M  I
L  N  C  J  S  I  G  U  R  A  N  Ț  Ă  C
Z  Ă  D  X  A  P  V  I  T  E  Z  Ă  M  A
H  A  R  T  Ă  C  Z  D  E  Z  Y  K  O  M
R  K  F  R  K  H  C  W  Y  V  J  C  T  I
C  O  M  B  U  S  T  I  B  I  L  G  O  O
X  E  J  Z  S  T  R  A  D  Ă  P  G  R  N
P  E  R  I  C  O  L  T  E  E  E  S  A  Q
G  A  R  A  J  D  I  Z  S  F  N  Z  A  Z
G  B  N  R  G  C  V  H  T  O  W  T  H  U
```

MAȘINĂ	POLITIE
COMBUSTIBIL	FRÂNE
GARAJ	VITEZĂ
GAZ	STRADĂ
PERICOL	TUNEL
HARTĂ	SIGURANȚA
LICENȚĂ	TRAFIC
MOTOR	PIETON
MOTOCICLETĂ	CAMION
ACCIDENT	DRUM

86 - Wetenschap

```
E  X  P  E  R  I  M  E  N  T  E  I  N  M
G  F  K  G  E  L  I  P  O  T  E  Z  Ă  E
M  I  T  S  J  K  A  T  O  M  F  M  T  T
U  Z  H  A  L  F  O  B  H  T  Z  E  H  O
B  I  M  Y  N  A  M  G  O  F  N  F  U  D
V  C  V  E  O  P  D  U  U  R  O  E  V  Ă
Z  Ă  N  V  R  T  E  Q  M  Ţ  A  S  X  K
T  T  A  O  G  F  Ș  E  O  V  U  T  I  Z
C  W  T  L  A  J  T  V  L  Z  L  S  O  L
H  Q  U  U  N  M  I  N  E  R  A  L  E  R
I  S  R  Ţ  I  Z  I  B  C  J  D  A  T  E
M  Ţ  Ă  I  S  K  N  H  U  Y  I  X  S  Y
I  F  M  E  M  L  Ţ  P  L  F  Q  G  H  I
C  L  I  M  A  T  Ă  Z  E  Q  A  B  K  B
```

ATOM	LABORATOR
CHIMIC	METODĂ
EVOLUŢIE	MINERALE
EXPERIMENT	MOLECULE
FAPT	NATURĂ
FOSIL	FIZICĂ
DATE	ORGANISM
IPOTEZĂ	OM DE ȘTIINȚĂ
CLIMAT	

87 - Badkamer

```
L F P A R F U M B J L O W E
Y N R A Ţ B Y Q U V O G F V
A T O A L E T Ă R D Ţ L R Ţ
Y R S B G V D O E U I I P W
F K O A U Z C F T Ș U N X E
R O P I N L H A E A N D F I
E O A E M A E B O M E Ă B P
Ţ Z B R C V L U S P M M V K
Ţ A E I F U E R Q O Z M Q L
Q S V Ţ N E L B G N A A Y V
Ţ Ă P Z C E C C O V O R N Z
A P Ă J T G T E U S Y J Y G
P U L P Q M J X L C G F Ţ U
J N M S M R W C L N I T S R
```

BAIE	ȘAMPON
BULE	OGLINDĂ
DUȘ	BURETE
PROSOP	ABUR
ROBINET	COVOR
LOȚIUNE	APĂ
PARFUM	TOALETĂ
FOARFECE	SĂPUN

88 - Speelgoed

```
H M Y P A V I O N R B F Q V
P U Z Z L E O S O L I A D J
Ă G O K I W B P Y U C M J O
P B T F M E P T S T I E R Y
U L Y B A R C Ă G E C Ş O Z
Ş J X N G V F Y Y U L T B M
Ă Y U P I C O S Ţ R E E O I
B A D P N C Ă R Ţ I T Ş T N
Z M E U A M A Ș I N Ă U M G
Z S M W Ț T Y A V T V G L E
W P Y N I G O H I Ţ D U F M
F X C J E Y R B M S V R E Y
J O C U R I L T E G G I L L
T R E N C A M I O N E N H D
```

MEŞTEŞUGURI	PĂPUŞĂ
MAȘINĂ	PUZZLE
MINGE	ROBOT
CĂRȚI	ȘAH
BARCĂ	TREN
TOBE	IMAGINAȚIE
FAVORIT	VOPSELE
BICICLETĂ	ZMEU
JOCURI	AVION
LUT	CAMION

89 - Muziekinstrumenten

```
T  H  Z  Ţ  K  E  Q  H  C  Ţ  R  Q  A  S
O  A  L  J  M  T  R  O  M  P  E  T  Ă  A
B  R  F  L  A  U  T  X  Q  J  Ţ  F  M  X
Ă  P  S  C  O  G  Z  Y  C  R  S  T  A  O
O  Ă  W  H  M  A  R  I  M  B  A  G  N  F
C  L  V  I  O  L  O  N  C  E  L  O  D  O
L  B  X  T  P  I  A  N  Q  U  J  N  O  N
A  P  C  A  O  B  O  I  M  T  Ţ  G  L  F
R  P  E  R  C  U  Ţ  I  E  R  V  Ă  I  A
I  B  E  Ă  B  A  N  J  O  O  I  C  N  G
N  Y  O  Z  I  Z  D  G  F  M  O  G  Ă  O
E  D  S  T  U  B  T  F  Ţ  B  A  H  S  T
T  A  M  B  U  R  I  N  Ă  O  R  Z  Ţ  E
C  M  X  E  C  C  P  F  Z  N  Ă  Ţ  B  L
```

BANJO	MARIMBA
VIOLONCEL	MUZICUŢĂ
FAGOT	PERCUŢIE
FLAUT	PIAN
CHITARĂ	SAXOFON
GONG	TAMBURINĂ
HARPĂ	TROMBON
OBOI	TOBĂ
CLARINET	TROMPETĂ
MANDOLINĂ	VIOARĂ

90 - Activiteiten en Vrije Ti

```
J  B  A  S  C  H  E  T  Z  Y  R  D  I  N
C  A  C  C  S  H  C  Ț  R  F  H  R  I  S
Ă  R  U  U  X  W  A  P  I  C  T  U  R  A
L  T  R  F  X  D  M  Z  G  U  E  M  E  G
Ă  Ă  S  U  F  J  P  P  G  S  N  E  L  R
T  Y  E  N  N  I  I  Y  U  U  I  Ț  A  Ă
O  M  P  D  P  Î  N  O  T  R  S  I  X  D
R  Q  D  Ă  F  E  G  O  L  F  R  I  A  I
I  V  W  R  C  O  S  V  L  I  L  U  N  N
E  L  O  I  M  P  T  C  O  N  A  L  T  Ă
K  H  K  L  B  O  X  B  U  G  Z  D  C  R
G  Y  Ț  E  E  O  A  N  A  I  A  G  Q  I
D  I  U  Ț  F  I  T  X  K  L  T  O  Y  T
B  A  S  E  B  A  L  L  I  Q  Y  D  M  Z
```

BASCHET	CĂLĂTORIE
BOX	PICTURA
SCUFUNDĂRI	SURFING
GOLF	TENIS
PESCUIT	GRĂDINĂRIT
BASEBALL	FOTBAL
CAMPING	VOLEI
ARTĂ	DRUMEȚII
RELAXANT	ÎNOT
CURSE	

91 - Water

```
H  O  Z  M  N  F  Z  F  C  U  R  E  N  T
I  C  Z  D  F  B  G  P  M  M  U  S  O  N
V  K  O  O  C  Z  H  L  P  I  R  Â  U  G
G  H  E  A  Ț  Ă  E  O  Z  D  A  L  V  V
E  S  Y  P  U  P  I  A  K  I  B  B  Q  B
V  G  O  M  M  A  Z  I  L  T  Y  E  U  J
A  D  U  Ș  E  D  E  E  C  A  O  S  U  R
P  G  V  I  D  Ă  R  G  Y  T  C  T  R  T
O  B  A  Z  E  L  E  N  V  E  E  C  A  B
R  E  L  I  R  I  G  A  R  E  A  A  G  D
A  Y  U  Î  N  G  H  E  Ț  T  N  N  A  T
R  V  R  E  Ţ  R  M  U  H  Y  G  A  N  T
E  W  I  N  U  N  D  A  Ț  I  I  L  G  F
A  S  O  Q  E  G  H  C  T  Y  I  F  F  N
```

DUȘ   INUNDAȚII
GHEIZER   PLOAIE
VALURI   RÂU
GHEAȚĂ   ZĂPADĂ
IRIGARE   ABUR
CANAL   CURENT
LAC   EVAPORARE
MUSON   UMEDE
OCEAN   UMIDITATE
URAGAN   ÎNGHEȚ

92 - Schaken

```
D R K S A C R I F I C I U R
R R T R D U C K B V K L X P
A B Z C V E M M B R K W K F
O Z E K E H B I E T E K Q B
P W C F R W I S H O P G S J
C J O O S A F T I M P M E U
C O I F A Z D R P A S I V C
A C N U R D I A G O N A L Ă
M V E C P Z Y T G F Z G A T
P M G T U R N E U D O V L O
I I R F N R E G U L I T B R
O H U M C E S I O B H V N R
N T I L Ţ I E R E G I N Ă
U A S R E P R O V O C Ă R I
```

DIAGONALĂ	JUCĂTOR
CAMPION	STRATEGIE
REGE	ADVERSAR
REGINĂ	TIMP
SACRIFICIU	TURNEU
PASIV	PROVOCĂRI
PUNCTE	CONCURS
REGULI	ALB
JOC	NEGRU

93 - Boerderij #1

```
I  O  D  G  Z  Ţ  Î  X  C  Z  U  D  J  L
M  Ă  G  A  R  A  N  M  V  G  V  A  P  Ă
K  P  A  I  V  G  G  A  L  B  I  N  Ă  F
W  U  R  Ţ  A  R  R  V  I  Ţ  E  L  X  G
P  I  D  I  C  I  Ă  J  A  P  S  I  M  J
Z  A  M  O  Ă  C  Ş  C  Â  I  N  E  I  M
O  R  E  Z  S  U  Ă  I  T  S  E  E  E  F
S  L  E  R  E  L  M  O  U  I  Q  I  R  V
I  T  U  H  M  T  Â  A  D  C  H  M  E  M
H  T  T  L  I  U  N  R  C  Ă  A  N  T  Z
C  J  O  Ţ  N  R  T  Ă  F  Â  N  P  U  Z
S  A  G  B  Ţ  Ă  Q  M  Q  F  M  U  R  V
R  F  L  G  E  Q  N  W  R  K  U  P  M  Ă
Z  X  P  M  A  N  U  A  I  O  R  X  Ă  C
```

ALBINĂ	VACĂ
MĂGAR	CIOARĂ
CAPRĂ	TURMĂ
GARD	AGRICULTURĂ
CÂINE	ÎNGRĂŞĂMÂNT
MIERE	CAL
FÂN	OREZ
VIŢEL	CÂMP
PISICĂ	APĂ
PUI	SEMINŢE

94 - Huis

```
B W W Q G T P L L T D N M P
Y L Ţ B R X B T D K U R Ă E
U Ţ U E Ă T A V A N Ş V T R
Ş B S M D O C G A R A J U E
Ă I T U I M O B I L I E R T
G A R D N T P O H M B C Ă E
D C A X Ă G E G C Y P O F I
S O A T H O R L W R G V E R
C U R M L L I I L B E O H H
P L B M E C Ş N A A D R W K
Z H B S I R A D M V A T R Ă
Z K X U O T Ă Ă P T T E N I
G C S Ţ E L O Q Ă Z G S E L
D B U C Ă T Ă R I E M W C D
```

MĂTURĂ	BUCĂTĂRIE
ACOPERIŞ	LAMPĂ
UŞĂ	MOBILIER
DUŞ	PERETE
GARAJ	TAVAN
VATRĂ	DORMITOR
GARD	OGLINDĂ
CAMERĂ	COVOR
SUBSOL	GRĂDINĂ

95 - Kleuren

```
P  B  D  P  L  S  M  M  F  U  C  S  I  E
A  O  F  A  V  E  G  A  L  B  E  N  C  Z
B  W  R  R  B  P  W  R  K  V  E  R  D  E
M  S  U  T  W  I  R  O  I  N  D  I  G  O
C  I  R  H  O  A  A  R  L  I  T  G  M  B
Y  S  J  L  V  C  N  E  G  R  U  U  A  Ţ
A  B  U  R  A  Q  A  C  L  K  O  F  G  A
N  A  Z  U  R  G  L  L  V  S  X  T  E  L
G  W  B  P  G  Ţ  B  R  I  R  O  Z  N  B
H  M  B  C  K  C  A  Z  O  U  T  V  T  E
U  H  D  O  A  L  S  T  L  Ş  C  W  A  J
D  C  H  K  U  Z  T  M  E  G  U  L  G  P
P  J  Ţ  G  Y  J  R  T  T  U  R  H  N  T
Ţ  G  J  Z  I  K  U  Ţ  Q  Z  S  I  P  K
```

AZUR
BEJ
ALBASTRU
MARO
CYAN
FUCSIE
GALBEN
GRI
VERDE

INDIGO
MAGENTA
PORTOCALIU
VIOLET
ROȘU
ROZ
SEPIA
ALB
NEGRU

96 - Verjaardag

```
D F E R I C I T V T O R T C
I S Q O R Â S F L I Q I T A
S P W A X N Z N U N P J C D
T E Y N P T W Ă M E A D E O
R C Z N U E U S Â R N Q L U
A T I M P C L C N I V L E I
C D G J Y X T U Ă G F C B Z
Ț G P E R P E T R E C E R E
I A M I N T I R I Z W P A I
E C A L E N D A R I F I R S
V I N V I T A Ț I I S D E J
B E M S A N P R I E T E N I
H C A R D U R I V B Y U L P
K A R S P E C I A L C E K P
```

TORT	CALENDAR
ZI	CÂNTEC
NĂSCUT	PETRECERE
FERICIT	DISTRACȚIE
CADOU	SPECIAL
AMINTIRI	TIMP
AN	INVITAȚII
TINERI	CELEBRARE
LUMÂNĂRI	PRIETENI
CARDURI	

97 - Getallen

```
O  Ș  C  N  W  H  M  D  T  T  N  J  Ș  C
M  Q  A  O  J  N  A  T  M  J  O  T  A  I
O  P  T  P  A  T  R  U  Y  G  U  D  I  N
L  I  F  T  T  R  E  I  P  W  Ă  O  S  C
T  Q  I  S  F  E  Ș  E  A  Ţ  S  I  P  I
X  J  R  P  N  I  B  A  I  T  P  S  R  S
J  I  E  R  K  S  V  I  S  Z  R  P  E  P
C  R  Q  E  G  P  Y  B  P  E  E  R  Z  R
I  L  X  Z  B  R  Ţ  R  R  R  Z  E  E  E
N  Q  J  E  W  E  Q  B  E  O  E  Z  C  Z
C  O  A  C  Z  Z  N  N  Z  E  C  E  E  E
I  U  U  E  Ţ  E  B  D  E  S  E  C  U  C
I  A  N  Ă  R  C  A  O  C  Z  R  E  Ţ  E
D  O  U  Ă  Z  E  C  I  E  Q  E  S  Z  X
```

OPT
OPTSPREZECE
TREISPREZECE
TREI
UNU
NOUĂ
NOUĂSPREZECE
ZERO
ZECE
DOISPREZECE

DOI
DOUĂZECI
PAISPREZECE
PATRU
CINCI
CINCISPREZECE
ȘASE
ȘAISPREZECE
ȘAPTE

98 - Boerderij #2

```
H  S  Ţ  Ţ  X  W  P  V  B  S  B  D  O  F
T  A  P  Ă  S  T  O  R  P  S  Q  I  A  E
A  S  M  E  A  T  R  A  C  T  O  R  I  R
U  B  U  B  T  Ţ  U  M  Y  T  A  I  E  M
V  Z  F  Ţ  A  Y  M  P  P  E  E  G  A  I
G  R  Â  U  Q  R  B  L  A  M  Ă  A  P  E
V  A  N  I  M  A  L  E  O  M  F  R  N  R
E  Ţ  U  G  I  H  V  U  H  A  U  E  F  T
G  Ă  V  Ţ  E  O  R  Z  N  F  R  U  C  T
E  L  H  U  L  A  B  Q  K  C  V  S  X  Q
T  O  M  W  A  L  I  V  A  D  Ă  N  X  A
A  O  K  D  P  E  W  I  B  S  U  B  N  A
L  Z  C  O  T  Z  W  B  R  X  W  N  G  F
T  V  J  D  E  H  O  E  D  M  U  I  V  Z
```

STUP
FERMIER
LIVADĂ
ANIMALE
RAŢĂ
FRUCT
ORZ
VEGETAL
PĂSTOR
IRIGARE

MIEL
LAMĂ
PORUMB
LAPTE
OAIE
HAMBAR
GRÂU
TRACTOR
LUNCĂ

99 - Voeding

```
F  E  R  M  E  N  T  A  Ţ  I  E  K  U  F
R  P  I  P  C  U  Q  P  A  T  E  G  N  J
G  R  E  U  T  A  T  E  I  M  I  M  S  W
L  O  S  S  O  S  L  T  D  I  E  T  Ă  W
U  T  Ă  A  X  Ţ  V  I  T  A  M  I  N  Ă
C  E  N  F  I  S  J  T  T  Y  P  D  Ă  N
I  I  Ă  X  N  B  B  A  D  A  F  I  T  U
D  N  T  O  Ă  N  F  L  W  T  T  G  O  T
E  E  A  A  M  A  R  I  H  H  Z  E  S  R
D  A  T  O  M  A  T  C  M  B  U  S  B  I
Z  O  E  W  J  R  A  H  C  X  V  T  Ţ  E
P  W  C  A  L  O  R  I  I  F  P  I  G  N
C  Z  B  Z  E  M  U  D  P  C  U  E  E  T
M  J  Y  I  M  Ă  D  E  O  B  G  W  Q  U
```

AMAR	GLUCIDE
CALORII	CALITATE
DIETĂ	SOS
APETIT	AROMĂ
PROTEINE	DIGESTIE
FERMENTAŢIE	TOXINĂ
GREUTATE	VITAMINĂ
SĂNĂTOS	LICHIDE
SĂNĂTATE	NUTRIENT

1 - Metingen

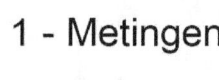

2 - Keuken

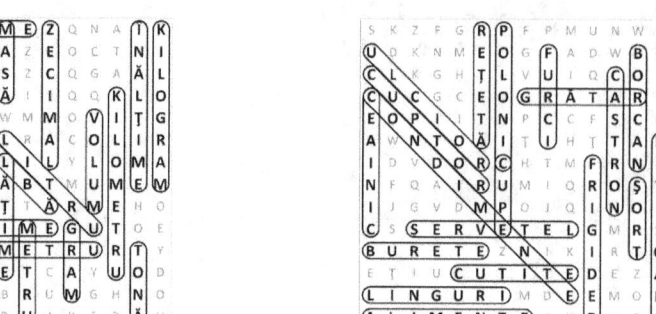

3 - Boten

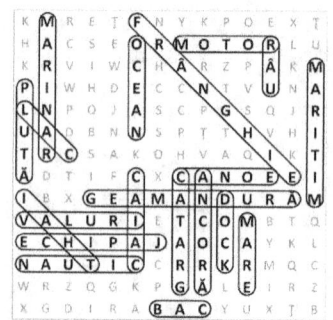

4 - Chocolade

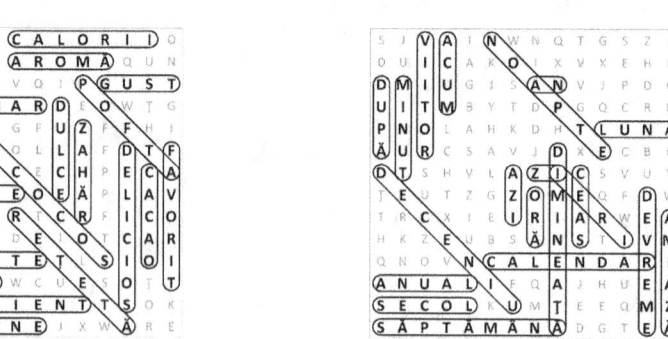

5 - Tijd

6 - Meditatie

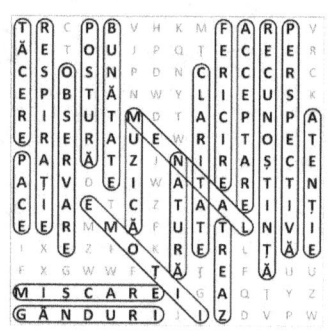

7 - Zomer

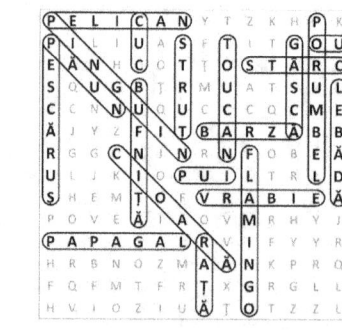

8 - Vogels

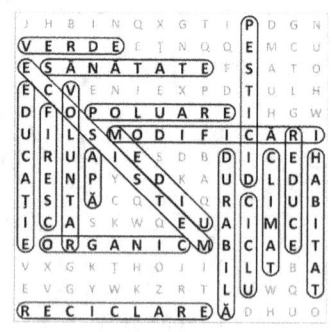

9 - Behoud

10 - Wiskunde

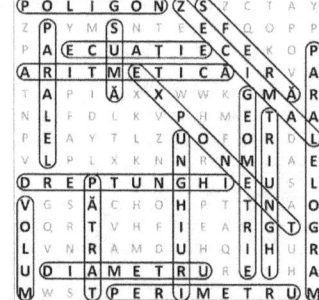

11 - Camping

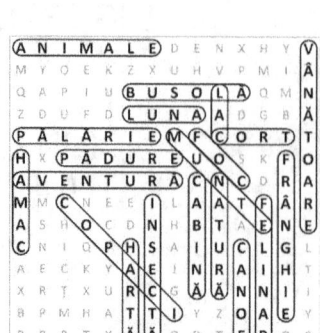

12 - Activiteiten

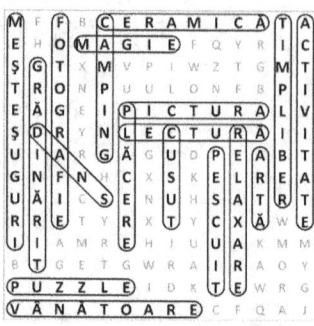

13 - Vormen

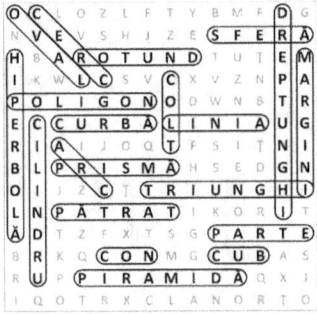

14 - Astronomie

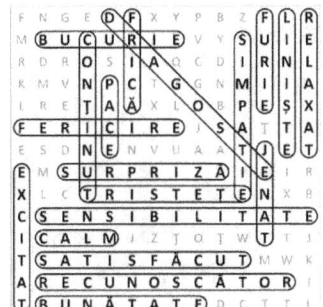

15 - Emoties

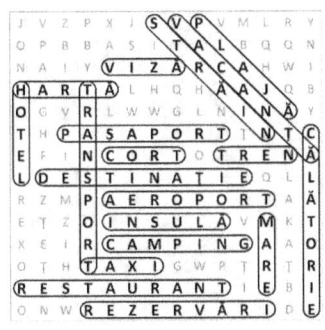

16 - Vakantie #2

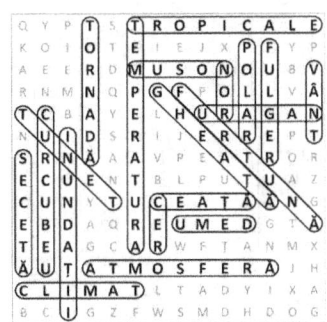

17 - Weersomstandigh

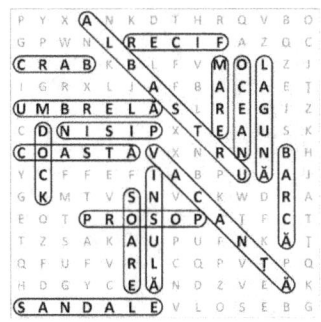

18 - Strand

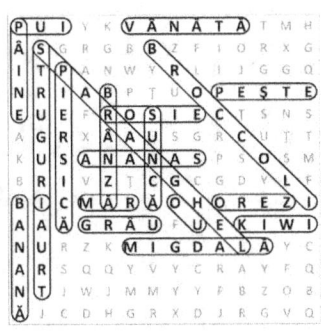

19 - Eten #2

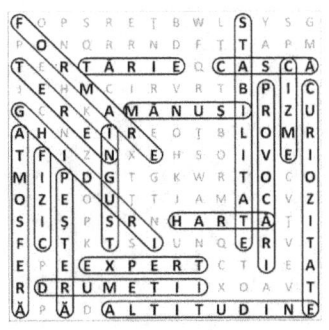

20 - Klimmen

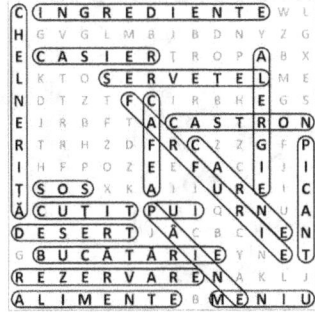

21 - Restaurant #1

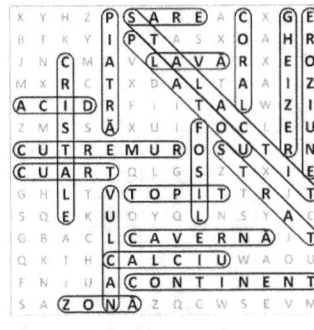

22 - Geologie

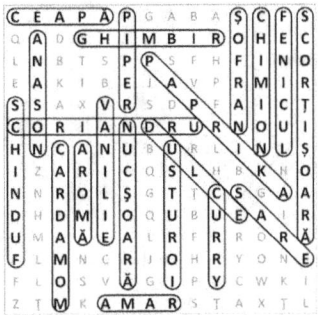

23 - Specerijen

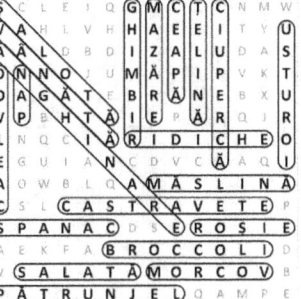

24 - Groenten

25 - Dans

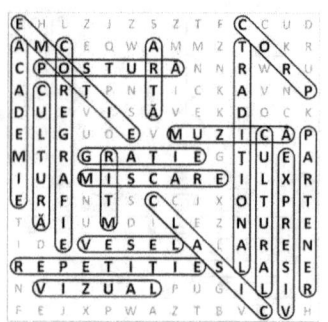

26 - Sport

27 - Mythologie

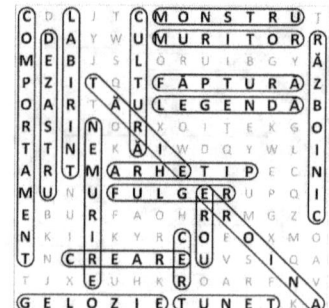

28 - Eten #1

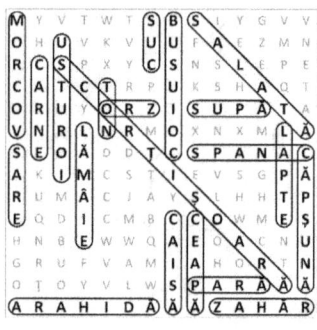

29 - Avontuur

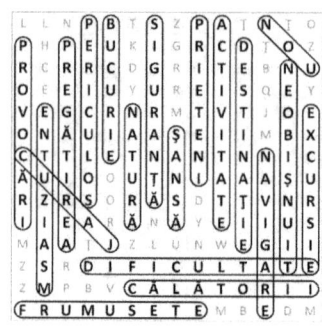

30 - Circus

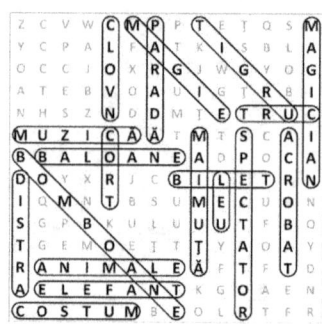

31 - Restaurant #2

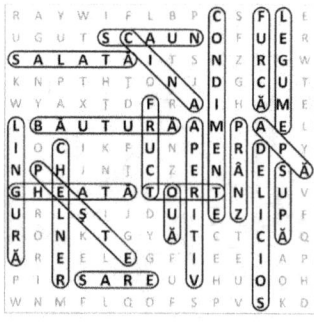

32 - Bijen

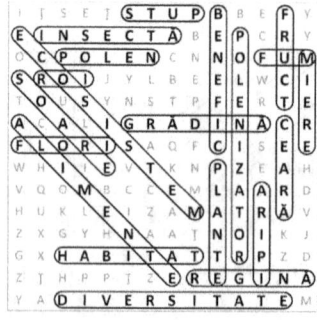

33 - School #1

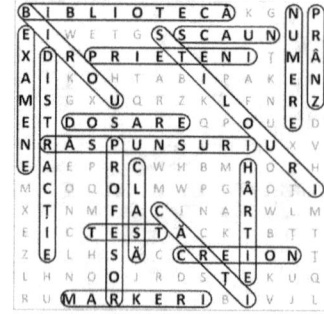

34 - Wandelen

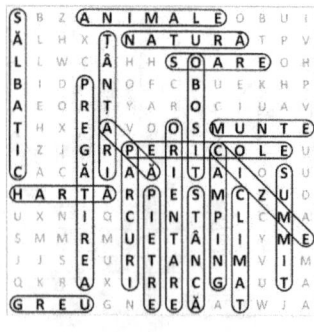

35 - Ecologie

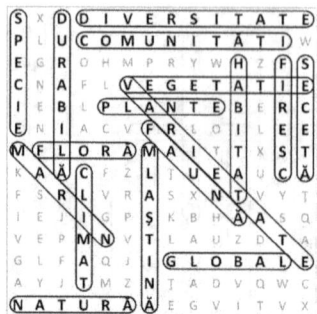

36 - Installaties

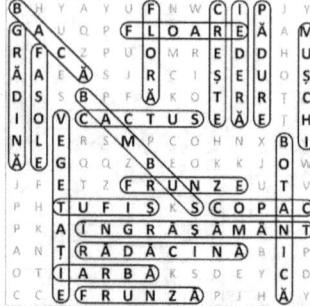

37 - School #2

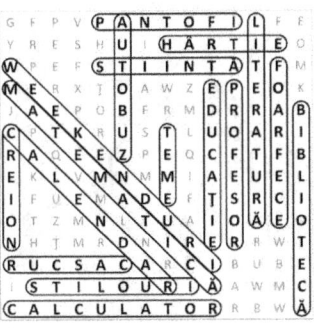

38 - Oceaan

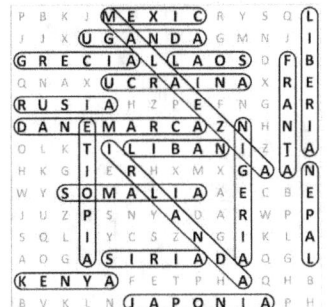

39 - Landen #2

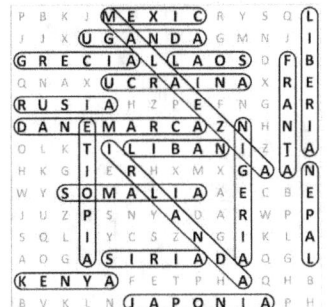

40 - Bloemen

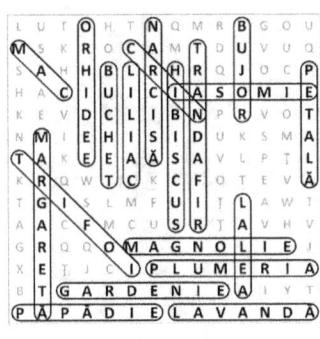

41 - Huisdieren

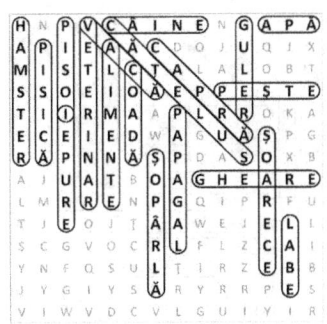

42 - Landschappen

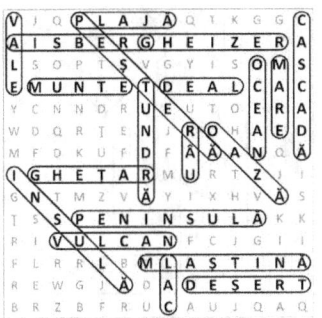

43 - Tuin

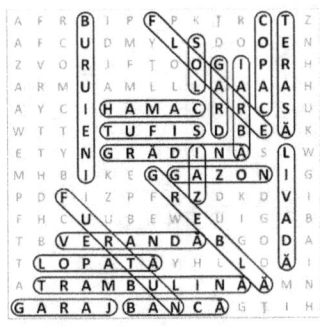

44 - Katten

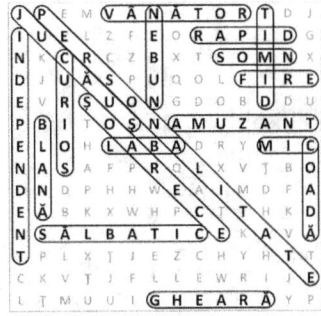

45 - Beroepen #2

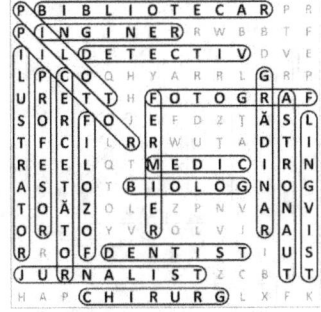

46 - Komedie

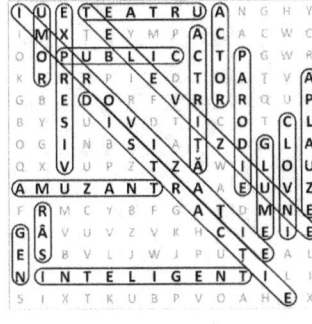

47 - Dagen en Maanden

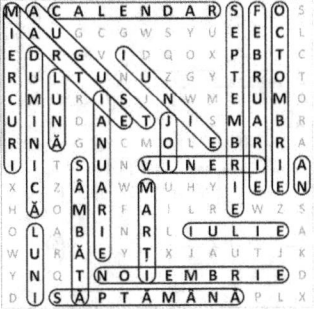

48 - Beeldende Kunsten

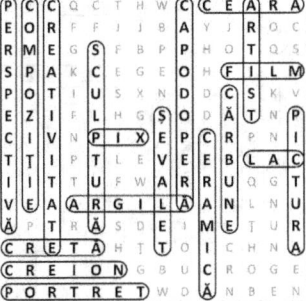

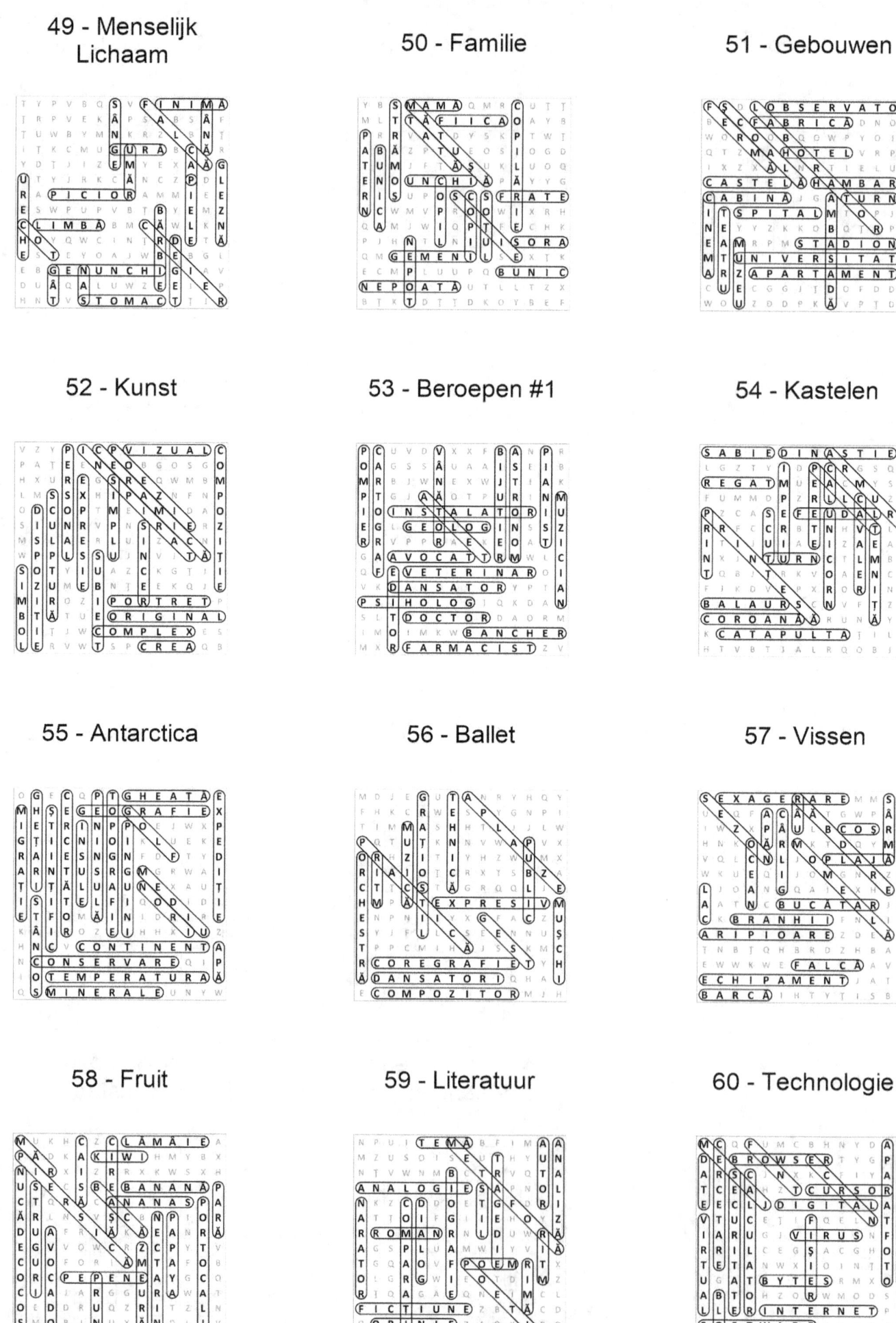

49 - Menselijk Lichaam

50 - Familie

51 - Gebouwen

52 - Kunst

53 - Beroepen #1

54 - Kastelen

55 - Antarctica

56 - Ballet

57 - Vissen

58 - Fruit

59 - Literatuur

60 - Technologie

61 - Boeken

62 - Meer Informatie

63 - Regenwoud

64 - Haartypes

65 - Stad

66 - Natuur

67 - Dinosaurussen

68 - Zoogdieren

69 - 1 Jaar Geleden

70 - Kampioenschap

71 - Exploratie

72 - Voertuigen

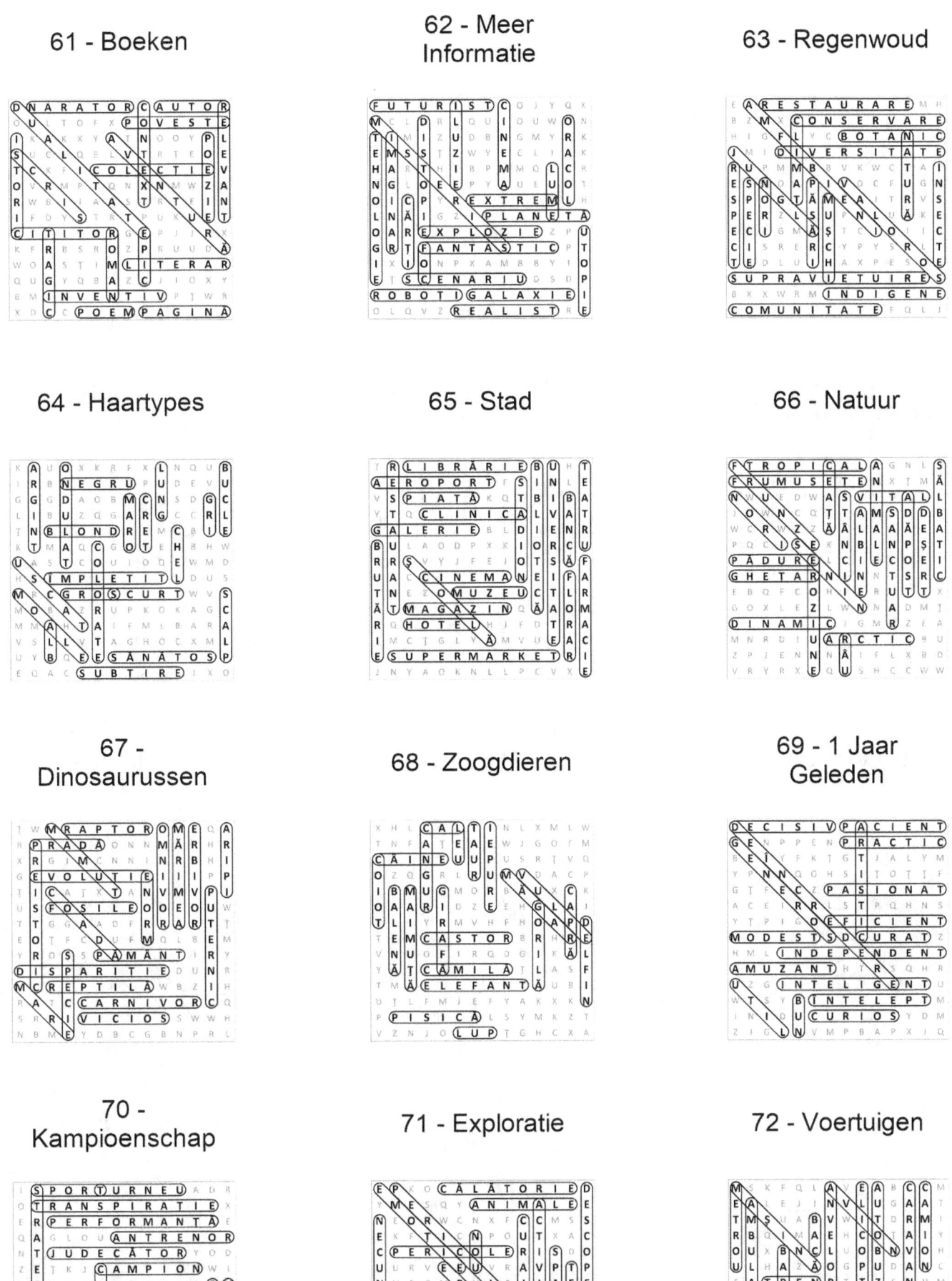

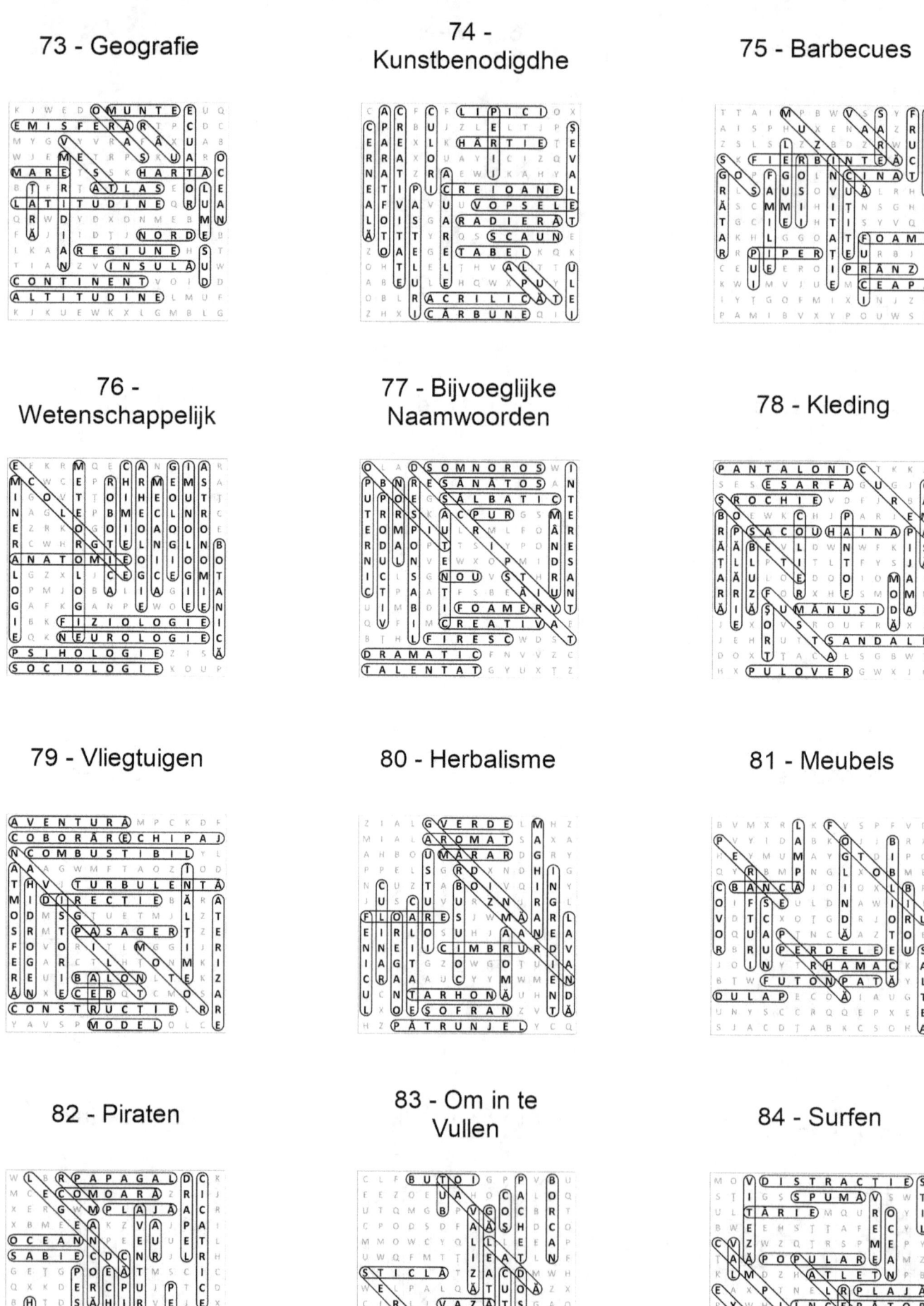

73 - Geografie

74 - Kunstbenodigdhe

75 - Barbecues

76 - Wetenschappelijk

77 - Bijvoeglijke Naamwoorden

78 - Kleding

79 - Vliegtuigen

80 - Herbalisme

81 - Meubels

82 - Piraten

83 - Om in te Vullen

84 - Surfen

85 - Rijden

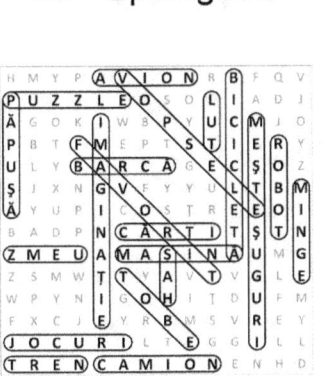

86 - Wetenschap

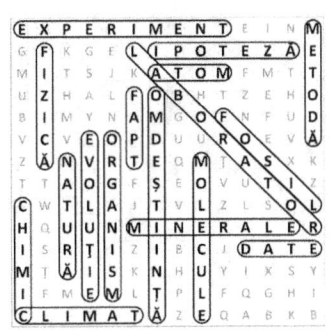

87 - Badkamer

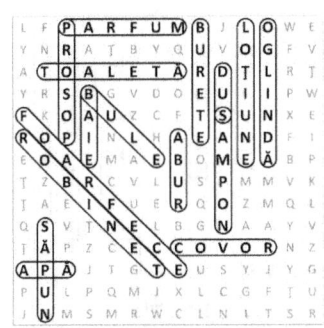

88 - Speelgoed

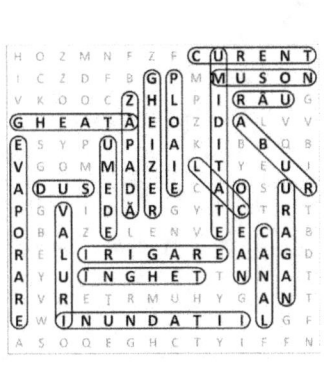

89 - Muziekinstrument

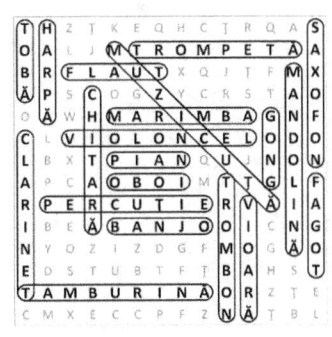

90 - Activiteiten en Vrije Ti

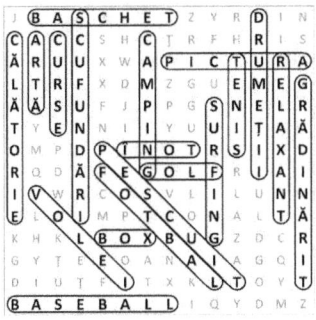

91 - Water

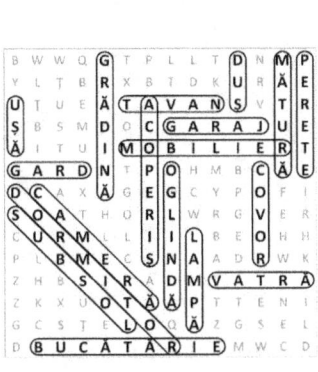

92 - Schaken

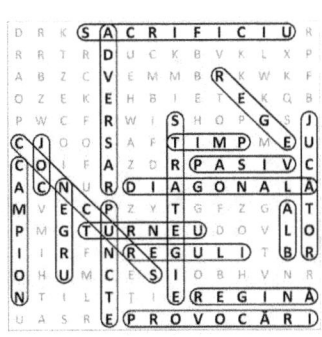

93 - Boerderij #1

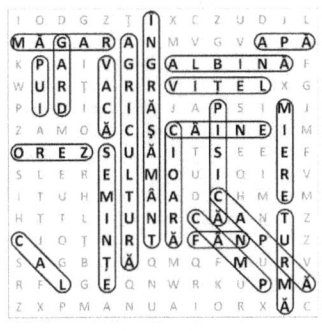

94 - Huis

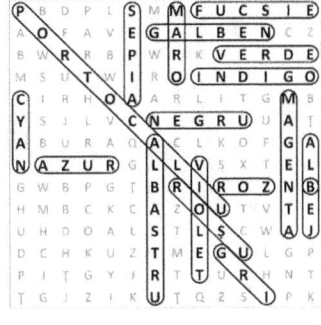

95 - Kleuren

96 - Verjaardag

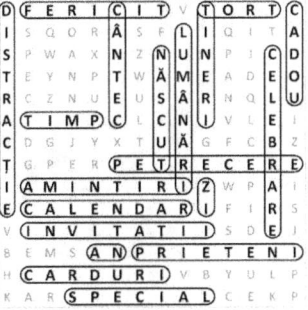

97 - Getallen

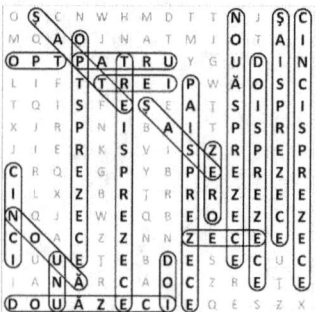

98 - Boerderij #2

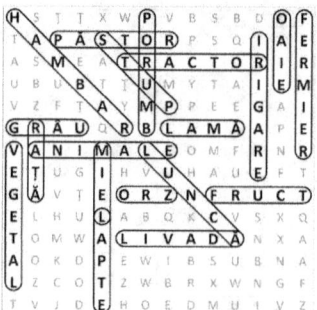

99 - Voeding

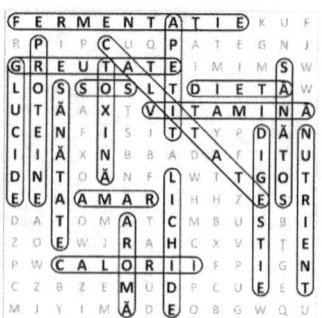

Woordenboek

1 Jaar Geleden
Virtuțile #1

Artistiek	Artistic
Behulpzaam	Util
Bescheiden	Modest
Beslissend	Decisiv
Betrouwbaar	De Încredere
Charmant	Fermecător
Efficiënt	Eficient
Gepassioneerd	Pasionat
Goed	Bun
Grappig	Amuzant
Gul	Generos
Intelligent	Inteligent
Nieuwsgierig	Curios
Onafhankelijk	Independent
Patiënt	Pacient
Praktisch	Practic
Schoon	Curat
Wijs	Înțelept
Zelfverzekerd	Încrezător

Activiteiten
Activități

Activiteit	Activitate
Ambachten	Meșteșuguri
Dansen	Dans
Fotografie	Fotografie
Hengelsport	Pescuit
Jacht	Vânătoare
Kamperen	Camping
Keramiek	Ceramică
Kunst	Artă
Lezen	Lectură
Magie	Magie
Naaien	Cusut
Ontspanning	Relaxare
Plezier	Plăcere
Puzzels	Puzzle
Schilderij	Pictura
Tuinieren	Grădinărit
Vaardigheid	Îndemânare
Vrije Tijd	Timp Liber
Wandelen	Drumeții

Activiteiten en Vrije Ti
Activități și Timp Liber

Basketbal	Baschet
Boksen	Box
Duiken	Scufundări
Golf	Golf
Hengelsport	Pescuit
Honkbal	Baseball
Kamperen	Camping
Kunst	Artă
Ontspannen	Relaxant
Racen	Curse
Reis	Călătorie
Schilderij	Pictura
Surfen	Surfing
Tennis	Tenis
Tuinieren	Grădinărit
Voetbal	Fotbal
Volleybal	Volei
Wandelen	Drumeții
Zwemmen	Înot

Antarctica
Antarctica

Baai	Golf
Behoud	Conservare
Continent	Continent
Eilanden	Insule
Expeditie	Expediție
Geografie	Geografie
Gletsjers	Ghețari
Ijs	Gheață
Migratie	Migrație
Mineralen	Minerale
Omgeving	Mediu
Onderzoeker	Cercetător
Pinguïn	Pinguini
Rotsachtig	Stâncos
Schiereiland	Peninsulă
Temperatuur	Temperatura
Topografie	Topografie
Water	Apă
Wetenschappelijk	Științific
Wolken	Nori

Astronomie
Astronomie

Aarde	Pământ
Asteroïde	Asteroid
Astronaut	Astronaut
Astronoom	Astronom
Equinox	Echinocțiu
Komeet	Cometă
Kosmos	Cosmos
Maan	Luna
Meteoor	Meteor
Nevel	Nebuloasă
Observatorium	Observator
Planeet	Planetă
Raket	Rachetă
Satelliet	Satelit
Ster	Stea
Sterrenbeeld	Constelație
Straling	Radiație
Telescoop	Telescop
Universum	Univers
Zwaartekracht	Gravitație

Avontuur
Aventuri

Activiteit	Activitate
Bestemming	Destinație
Enthousiasme	Entuziasm
Excursie	Excursie
Gevaarlijk	Periculos
Kans	Șansă
Moed	Curaj
Moeilijkheid	Dificultate
Natuur	Natură
Navigatie	Navigare
Nieuw	Nou
Ongewoon	Neobișnuit
Reizen	Călătorii
Schoonheid	Frumusețe
Uitdagingen	Provocări
Veiligheid	Siguranță
Verrassend	Surprinzător
Voorbereiding	Pregătirea
Vreugde	Bucurie
Vrienden	Prieteni

Badkamer
Baie

Bad	Baie
Bellen	Bule
Douche	Duș
Handdoek	Prosop
Kraan	Robinet
Lotion	Loțiune
Parfum	Parfum
Schaar	Foarfece
Shampoo	Șampon
Spiegel	Oglindă
Spons	Burete
Stoom	Abur
Tapijt	Covor
Water	Apă
Wc	Toaletă
Zeep	Săpun

Ballet
Balet

Applaus	Aplauze
Artistiek	Artistic
Ballerina	Balerină
Choreografie	Coregrafie
Componist	Compozitor
Dansers	Dansatori
Expressief	Expresiv
Gebaar	Gest
Intensiteit	Intensitate
Muziek	Muzică
Orkest	Orchestră
Praktijk	Practică
Publiek	Public
Repetitie	Repetiție
Ritme	Ritm
Sierlijk	Grațios
Spieren	Mușchi
Stijl	Stil
Techniek	Tehnică
Vaardigheid	Îndemânare

Barbecues
Grătare

Diner	Cina
Familie	Familie
Fruit	Fruct
Grill	Grătar
Groente	Legume
Heet	Fierbinte
Honger	Foame
Kip	Pui
Lunch	Prânz
Messen	Cuțite
Muziek	Muzică
Peper	Piper
Salades	Salate
Saus	Sos
Tomaten	Rosii
Uien	Ceapă
Uitnodiging	Invitație
Vorken	Furci
Zomer	Vară
Zout	Sare

Beeldende Kunsten
Arte Vizuale

Architectuur	Arhitectură
Artiest	Artist
Beeldhouwwerk	Sculptură
Creativiteit	Creativitate
Ezel	Șevalet
Film	Film
Foto	Fotografie
Houtskool	Cărbune
Keramiek	Ceramică
Klei	Argilă
Krijt	Cretă
Meesterwerk	Capodoperă
Pen	Pix
Perspectief	Perspectivă
Portret	Portret
Potlood	Creion
Samenstelling	Compoziție
Schilderij	Pictura
Vernis	Lac
Was	Ceară

Behoud
Conservare

Duurzaam	Durabilă
Ecosysteem	Ecosistem
Fiets	Ciclu
Gezondheid	Sănătate
Groen	Verde
Habitat	Habitat
Klimaat	Climat
Milieu	Mediu
Natuurlijk	Firesc
Onderwijs	Educație
Organisch	Organic
Pesticide	Pesticid
Recycleren	Reciclare
Veranderingen	Modificări
Verminderen	Reduce
Vervuiling	Poluare
Vrijwilliger	Voluntar
Water	Apă

Beroepen #1
Profesiile #1

Advocaat	Avocat
Ambassadeur	Ambasador
Apotheker	Farmacist
Astronoom	Astronom
Atleet	Atlet
Bankier	Bancher
Brandweerman	Pompier
Cartograaf	Cartograf
Danser	Dansator
Dierenarts	Veterinar
Dokter	Doctor
Editor	Editor
Geoloog	Geolog
Jager	Vânător
Juwelier	Bijutier
Loodgieter	Instalator
Muzikant	Muzician
Pianist	Pianist
Psycholoog	Psiholog
Wetenschapper	Om de Știință

Beroepen #2
Profesiile #2

Arts	Medic
Astronaut	Astronaut
Bibliothecaris	Bibliotecar
Bioloog	Biolog
Boer	Fermier
Chirurg	Chirurg
Detective	Detectiv
Filosoof	Filozof
Fotograaf	Fotograf
Illustrator	Ilustrator
Ingenieur	Inginer
Journalist	Jurnalist
Leraar	Profesor
Linguïst	Lingvist
Onderzoeker	Cercetător
Piloot	Pilot
Schilder	Pictor
Tandarts	Dentist
Tuinman	Grădinar
Uitvinder	Inventator

Bijen
Albinele

Bestuiver	Polenizator
Bijenkorf	Stup
Bloemen	Flori
Diversiteit	Diversitate
Ecosysteem	Ecosistem
Fruit	Fruct
Habitat	Habitat
Honing	Miere
Insect	Insectă
Koningin	Regină
Planten	Plante
Rook	Fum
Stuifmeel	Polen
Tuin	Grădină
Vleugels	Aripi
Voedsel	Alimente
Voordelig	Benefic
Was	Ceară
Zon	Soare
Zwerm	Roi

Bijvoeglijke Naamwoorden
Adjective #1

Aantrekkelijk	Atractiv
Actief	Activ
Ambitieus	Ambiţios
Aromatisch	Aromat
Artistiek	Artistic
Belangrijk	Important
Diep	Adânc
Donker	Întuneric
Dun	Subţire
Eerlijk	Sincer
Exotisch	Exotic
Identiek	Identic
Jong	Tineri
Lang	Lung
Langzaam	Încet
Modern	Modern
Onschuldig	Nevinovat
Perfect	Perfect
Waardevol	Valoros
Zwaar	Greu

Bijvoeglijke Naamwoorden
Adjective #2

Authentiek	Autentic
Begaafd	Talentat
Beschrijvend	Descriptiv
Creatief	Creativ
Dramatisch	Dramatic
Gezond	Sănătos
Hongerig	Foame
Interessant	Interesant
Moe	Obosit
Natuurlijk	Firesc
Nieuw	Nou
Normaal	Normal
Productief	Productiv
Slaperig	Somnoros
Sterk	Puternic
Trots	Mândru
Verantwoordelijk	Responsabil
Wild	Sălbatic
Zout	Sărat
Zuiver	Pur

Bloemen
Flori

Bloemblad	Petală
Boeket	Buchet
Gardenia	Gardenie
Hibiscus	Hibiscus
Jasmijn	Iasomie
Klaver	Trifoi
Lavendel	Lavandă
Lelie	Crin
Lila	Liliac
Madeliefje	Margaretă
Magnolia	Magnolie
Narcis	Narcisă
Orchidee	Orhidee
Paardebloem	Păpădie
Papaver	Mac
Pioenroos	Bujor
Plumeria	Plumeria
Roos	Trandafir
Tulp	Lalea

Boeken
Cărţi

Auteur	Autor
Avontuur	Aventură
Bladzijde	Pagină
Collectie	Colecţie
Context	Context
Dualiteit	Dualitate
Episch	Epic
Gedicht	Poem
Geschreven	Scris
Historisch	Istoric
Humoristisch	Plin de Umor
Inventief	Inventiv
Lezer	Cititor
Literair	Literar
Poëzie	Poezie
Relevant	Relevant
Roman	Roman
Tragisch	Tragic
Verhaal	Poveste
Verteller	Narator

Boerderij #1
Ferma # 1

Bij	Albină
Ezel	Măgar
Geit	Capră
Hek	Gard
Hond	Câine
Honing	Miere
Hooi	Fân
Kalf	Vițel
Kat	Pisică
Kip	Pui
Koe	Vacă
Kraai	Cioară
Kudde	Turmă
Landbouw	Agricultură
Mest	Îngrăşământ
Paard	Cal
Rijst	Orez
Veld	Câmp
Water	Apă
Zaden	Seminţe

Boerderij #2
Ferma # 2

Bijenkorf	Stup
Boer	Fermier
Boomgaard	Livadă
Dieren	Animale
Eend	Raţă
Fruit	Fruct
Gerst	Orz
Groente	Vegetal
Herder	Păstor
Irrigatie	Irigare
Lam	Miel
Lama	Lamă
Maïs	Porumb
Melk	Lapte
Schaap	Oaie
Schuur	Hambar
Tarwe	Grâu
Tractor	Tractor
Weide	Luncă
Windmolen	Moară de Vânt

Boten
Barci

Anker	Ancoră
Bemanning	Echipaj
Boei	Geamandură
Dok	Dock
Golven	Valuri
Jacht	Iaht
Kajak	Caiac
Kano	Canoe
Maritiem	Maritim
Mast	Catarg
Matroos	Marinar
Meer	Lac
Motor	Motor
Nautisch	Nautic
Oceaan	Ocean
Rivier	Râu
Touw	Frânghie
Veerboot	Bac
Vlot	Plută
Zee	Mare

Camping
Camping

Avontuur	Aventură
Berg	Munte
Bomen	Copaci
Bos	Pădure
Brand	Foc
Cabine	Cabină
Dieren	Animale
Hangmat	Hamac
Hoed	Pălărie
Insect	Insectă
Jacht	Vânătoare
Kaart	Hartă
Kano	Canoe
Kompas	Busolă
Lantaarn	Felinar
Maan	Luna
Meer	Lac
Natuur	Natură
Tent	Cort
Touw	Frânghie

Chocolade
Ciocolată

Antioxidant	Antioxidant
Bitter	Amar
Cacao	Cacao
Calorieën	Calorii
Exotisch	Exotic
Favoriet	Favorit
Heerlijk	Delicios
Ingrediënt	Ingredient
Karamel	Caramel
Kokosnoot	Nucă de Cocos
Kwaliteit	Calitate
Pinda'S	Arahide
Recept	Reţetă
Smaak	Aromă
Smaak	Gust
Snoep	Bomboane
Suiker	Zahăr
Verlangen	Pofta
Zoet	Dulce

Circus
Circ

Aap	Maimuţă
Acrobaat	Acrobat
Ballonnen	Baloane
Clown	Clovn
Dieren	Animale
Goochelaar	Magician
Jongleur	Jongler
Kaartje	Bilet
Kostuum	Costum
Leeuw	Leu
Magie	Magie
Muziek	Muzică
Olifant	Elefant
Parade	Paradă
Snoep	Bomboane
Tent	Cort
Tijger	Tigru
Toeschouwer	Spectator
Truc	Truc
Vermaken	Distra

Dagen en Maanden
Zile și Lunile

Augustus	August
Dinsdag	Marți
Donderdag	Joi
Februari	Februarie
Jaar	An
Januari	Ianuarie
Juli	Iulie
Juni	Iunie
Kalender	Calendar
Maand	Lună
Maandag	Luni
Maart	Martie
November	Noiembrie
Oktober	Octombrie
September	Septembrie
Vrijdag	Vineri
Week	Săptămână
Woensdag	Miercuri
Zaterdag	Sâmbătă
Zondag	Duminică

Dans
Dance

Academie	Academie
Beweging	Mișcare
Blij	Vesel
Choreografie	Coregrafie
Cultureel	Cultural
Cultuur	Cultură
Emotie	Emoție
Expressief	Expresiv
Genade	Grație
Houding	Postură
Klassiek	Clasic
Kunst	Artă
Lichaam	Corp
Muziek	Muzică
Partner	Partener
Repetitie	Repetiție
Ritme	Ritm
Traditioneel	Tradițional
Visueel	Vizual

Dinosaurussen
Dinozaurii

Aarde	Pământ
Carnivoor	Carnivor
Enorm	Enorm
Evolutie	Evoluție
Fossielen	Fosile
Groot	Mare
Grootte	Mărimea
Herbivoor	Erbivor
Krachtig	Puternic
Mammoet	Mamut
Omnivoor	Omnivor
Prehistorisch	Preistoric
Prooi	Pradă
Reptiel	Reptilă
Roofvogel	Raptor
Soort	Specie
Staart	Coadă
Verdwijning	Dispariție
Vicieuze	Vicios
Vleugels	Aripi

Ecologie
Ecologie

Diversiteit	Diversitate
Droogte	Secetă
Duurzaam	Durabilă
Fauna	Faună
Flora	Floră
Gemeenschappen	Comunități
Globaal	Global
Habitat	Habitat
Klimaat	Climat
Marinier	Marin
Moeras	Mlaștină
Natuur	Natură
Natuurlijk	Firesc
Overleving	Supraviețuire
Planten	Plante
Soort	Specie
Variëteit	Varietate
Vegetatie	Vegetație
Vrijwilligers	Voluntari

Emoties
Emoții

Angst	Frică
Beschaamd	Jenat
Dankbaar	Recunoscător
Droefheid	Tristețe
Gelukzaligheid	Fericire
Inhoud	Conținut
Kalm	Calm
Liefde	Dragoste
Ontspannen	Relaxat
Opgewonden	Excitat
Rust	Liniște
Sympathie	Simpatie
Tederheid	Sensibilitate
Tevreden	Satisfăcut
Verrassing	Surpriză
Verveling	Plictiseală
Vrede	Pace
Vreugde	Bucurie
Vriendelijkheid	Bunătate
Woede	Furie

Eten #1
Alimente #1

Aardbei	Căpșună
Abrikoos	Caisă
Basilicum	Busuioc
Citroen	Lămâie
Gerst	Orz
Kaneel	Scorțișoară
Knoflook	Usturoi
Melk	Lapte
Peer	Pară
Pinda	Arahidă
Salade	Salată
Sap	Suc
Soep	Supă
Spinazie	Spanac
Suiker	Zahăr
Tonijn	Ton
Ui	Ceapă
Vlees	Carne
Wortel	Morcov
Zout	Sare

Eten #2
Alimente #2

Amandel	Migdală
Ananas	Ananas
Appel	Măr
Asperge	Sparanghel
Aubergine	Vânătă
Banaan	Banană
Broccoli	Broccoli
Brood	Pâine
Druif	Struguri
Ei	Ou
Ham	Şuncă
Kaas	Brânză
Kip	Pui
Kiwi	Kiwi
Perzik	Piersică
Rijst	Orez
Tarwe	Grâu
Tomaat	Roşie
Vis	Peşte
Yoghurt	Iaurt

Exploratie
Explorare

Activiteit	Activitate
Bepaling	Determinare
Culturen	Culturi
Dieren	Animale
Gevaarlijk	Periculos
Gevaren	Pericole
Moed	Curaj
Nieuw	Nou
Onbekend	Necunoscut
Ontdekking	Descoperire
Opwinding	Emoţie
Reis	Călătorie
Ruimte	Spaţiu
Taal	Limba
Terrein	Teren
Uitputting	Epuizare
Ver	Îndepărtat
Wild	Sălbatic

Familie
Familie

Broer	Frate
Dochter	Fiica
Grootmoeder	Bunica
Jeugd	Copilărie
Kind	Copil
Kinderen	Copii
Kleinzoon	Nepot
Man	Soţul
Moeder	Mamă
Neef	Nepot
Nicht	Nepoată
Oom	Unchi
Opa	Bunic
Tante	Mătuşă
Tweeling	Gemeni
Vader	Tată
Vaderlijk	Patern
Voorouder	Strămoş
Vrouw	Soţie
Zus	Sora

Fruit
Fructe

Abrikoos	Caisă
Ananas	Ananas
Appel	Măr
Avocado	Avocado
Banaan	Banană
Bes	Bacă
Citroen	Lămâie
Druif	Struguri
Framboos	Zmeură
Kers	Cireaşă
Kiwi	Kiwi
Kokosnoot	Nucă de Cocos
Mango	Mango
Meloen	Pepene
Nectarine	Nectarină
Oranje	Portocaliu
Papaja	Papaya
Peer	Pară
Perzik	Piersică
Pruim	Prună

Gebouwen
Constructii

Ambassade	Ambasadă
Appartement	Apartament
Bioscoop	Cinema
Boerderij	Fermă
Cabine	Cabină
Fabriek	Fabrică
Hotel	Hotel
Kasteel	Castel
Laboratorium	Laborator
Museum	Muzeu
Observatorium	Observator
School	Şcoală
Schuur	Hambar
Stadion	Stadion
Supermarkt	Supermarket
Tent	Cort
Theater	Teatru
Toren	Turn
Universiteit	Universitate
Ziekenhuis	Spital

Geografie
Geografie

Atlas	Atlas
Berg	Munte
Breedtegraad	Latitudine
Continent	Continent
Eiland	Insulă
Evenaar	Ecuator
Halfrond	Emisferă
Hoogte	Altitudine
Kaart	Hartă
Land	Ţară
Meridiaan	Meridian
Noorden	Nord
Oceaan	Ocean
Regio	Regiune
Rivier	Râu
Stad	Oraş
Wereld	Lume
Westen	Vest
Zee	Mare
Zuiden	Sud

Geologie
Geologie

Aardbeving	Cutremur
Calcium	Calciu
Continent	Continent
Erosie	Eroziune
Fossiel	Fosil
Geiser	Gheizer
Gesmolten	Topit
Grot	Cavernă
Koraal	Coral
Kristallen	Cristale
Kwarts	Cuarț
Laag	Strat
Lava	Lavă
Plateau	Platou
Stalactiet	Stalactit
Steen	Piatră
Vulkaan	Vulcan
Zone	Zonă
Zout	Sare
Zuur	Acid

Getallen
Numerele

Acht	Opt
Achttien	Optsprezece
Dertien	Treisprezece
Drie	Trei
Een	Unu
Negen	Nouă
Negentien	Nouăsprezece
Nul	Zero
Tien	Zece
Twaalf	Doisprezece
Twee	Doi
Twintig	Douăzeci
Veertien	Paisprezece
Vier	Patru
Vijf	Cinci
Vijftien	Cincisprezece
Zes	Șase
Zestien	Șaisprezece
Zeven	Șapte
Zeventien	Șaptesprezece

Groenten
Legume

Artisjok	Anghinare
Aubergine	Vânătă
Broccoli	Broccoli
Erwt	Mazăre
Gember	Ghimbir
Knoflook	Usturoi
Komkommer	Castravete
Olijf	Măslină
Paddestoel	Ciupercă
Peterselie	Pătrunjel
Pompoen	Dovleac
Raap	Nap
Radijs	Ridiche
Salade	Salată
Selderij	Țelină
Sjalot	Șalotă
Spinazie	Spanac
Tomaat	Roșie
Ui	Ceapă
Wortel	Morcov

Haartypes
Tipuri de Par

Blond	Blond
Bruin	Maro
Dik	Gros
Droog	Uscat
Dun	Subțire
Gekleurd	Colorate
Gevlochten	Împletit
Gezond	Sănătos
Golvend	Ondulat
Grijs	Gri
Hoofdhuid	Scalp
Kaal	Chel
Kort	Scurt
Krullen	Bucle
Krullend	Cret
Lang	Lung
Wit	Alb
Zacht	Moale
Zilver	Argint
Zwart	Negru

Herbalisme
Plante Medicinale

Aromatisch	Aromat
Basilicum	Busuioc
Bloem	Floare
Culinair	Culinar
Dille	Mărar
Dragon	Tarhon
Groen	Verde
Ingrediënt	Ingredient
Knoflook	Usturoi
Kwaliteit	Calitate
Lavendel	Lavandă
Marjolein	Maghiran
Oregano	Oregano
Peterselie	Pătrunjel
Rozemarijn	Rozmarin
Saffraan	Șofran
Smaak	Aromă
Tijm	Cimbru
Tuin	Grădină
Venkel	Fenicul

Huis
Casa

Bezem	Mătură
Bibliotheek	Bibliotecă
Dak	Acoperiș
Deur	Ușă
Douche	Duș
Garage	Garaj
Haard	Vatră
Hek	Gard
Kamer	Cameră
Kelder	Subsol
Keuken	Bucătărie
Lamp	Lampă
Meubilair	Mobilier
Muur	Perete
Plafond	Tavan
Slaapkamer	Dormitor
Spiegel	Oglindă
Tapijt	Covor
Tuin	Grădină
Zolder	Mansardă

Huisdieren
Animale de Companie

Dierenarts	Veterinar
Geit	Capră
Hagedis	Șopârlă
Hamster	Hamster
Hond	Câine
Kat	Pisică
Katje	Pisoi
Klauwen	Gheare
Koe	Vacă
Konijn	Iepure
Kraag	Guler
Muis	Șoarece
Papegaai	Papagal
Poten	Labe
Puppy	Cățeluș
Staart	Coadă
Vis	Pește
Voedsel	Alimente
Water	Apă

Installaties
Plante

Bamboe	Bambus
Bes	Bacă
Blad	Frunză
Bloem	Floare
Boom	Copac
Boon	Fasole
Bos	Pădure
Cactus	Cactus
Flora	Floră
Gebladerte	Frunze
Gras	Iarbă
Groeien	Crește
Klimop	Iederă
Mest	Îngrășământ
Mos	Mușchi
Plantkunde	Botanică
Struik	Tufiș
Tuin	Grădină
Vegetatie	Vegetație
Wortel	Rădăcină

Kampioenschap
Campionat

Finalist	Finalist
Games	Jocuri
Kampioen	Campion
Kampioenschap	Campionat
Liga	Ligă
Medaille	Medalie
Motivatie	Motivație
Prestatie	Performanță
Rechter	Judecător
Sport	Sport
Strategie	Strategie
Team	Echipă
Toernooi	Turneu
Trainer	Antrenor
Transpiratie	Transpirație
Zege	Victorie

Kastelen
Castele

Draak	Balaur
Dynastie	Dinastie
Edele	Nobil
Eenhoorn	Unicorn
Feodaal	Feudal
Harnas	Armură
Katapult	Catapulta
Kerker	Temniță
Koninkrijk	Regat
Kroon	Coroană
Muur	Perete
Paard	Cal
Paleis	Palat
Prins	Prinț
Prinses	Prințesă
Ridder	Cavaler
Rijk	Imperiu
Schild	Scut
Toren	Turn
Zwaard	Sabie

Katten
Pisicile

Bont	Blană
Garen	Fire
Gek	Nebun
Grappig	Amuzant
Jager	Vânător
Klauw	Gheară
Klein	Mic
Muis	Șoarece
Nieuwsgierig	Curios
Onafhankelijk	Independent
Persoonlijkheid	Personalitate
Poot	Laba
Slaap	Somn
Snel	Rapid
Speels	Jucăuș
Staart	Coadă
Verlegen	Timid
Wild	Sălbatic

Keuken
Bucătărie

Cup	Cupe
Eetstokjes	Bețișoare
Grill	Grătar
Ketel	Ceainic
Koelkast	Frigider
Kom	Castron
Kruik	Ulcior
Lepels	Linguri
Messen	Cuțite
Oven	Cuptor
Pollepel	Polonic
Pot	Borcan
Recept	Rețetă
Schort	Șorț
Servet	Șervețel
Specerijen	Condimente
Spons	Burete
Voedsel	Alimente
Vorken	Furci
Vriezer	Congelator

Kleding
Haine

Armband	Brățară
Blouse	Bluză
Broek	Pantaloni
Handschoenen	Mănuși
Hoed	Pălărie
Jas	Haina
Jasje	Sacou
Jurk	Rochie
Ketting	Colier
Mode	Modă
Pyjama	Pijama
Riem	Curea
Rok	Fusta
Sandalen	Sandale
Schoen	Pantof
Schort	Șorț
Shirt	Cămașă
Sjaal	Eșarfă
Sokken	Șosete
Trui	Pulover

Kleuren
Culori

Azuur	Azur
Beige	Bej
Blauw	Albastru
Bruin	Maro
Cyaan	Cyan
Fuchsia	Fucsie
Geel	Galben
Grijs	Gri
Groen	Verde
Indigo	Indigo
Magenta	Magenta
Oranje	Portocaliu
Paars	Violet
Rood	Roșu
Roze	Roz
Sepia	Sepia
Wit	Alb
Zwart	Negru

Klimmen
Alpinism

Atmosfeer	Atmosferă
Deskundige	Expert
Fysiek	Fizic
Gidsen	Ghiduri
Grot	Peșteră
Handschoenen	Mănuși
Helm	Cască
Hoogte	Altitudine
Kaart	Hartă
Kracht	Tărie
Laarzen	Cizme
Nieuwsgierigheid	Curiozitate
Opleiding	Formare
Smal	Îngust
Stabiliteit	Stabilitate
Terrein	Teren
Uitdagingen	Provocări
Wandelen	Drumeții

Komedie
Comedie

Acteur	Actor
Actrice	Actriță
Applaus	Aplauze
Clowns	Clovni
Expressief	Expresiv
Gelach	Râs
Genre	Gen
Grappen	Glume
Grappig	Amuzant
Humor	Umor
Improvisatie	Improvizație
Parodie	Parodie
Plezier	Distracție
Publiek	Public
Slim	Inteligent
Televisie	Televiziune
Theater	Teatru

Kunst
Arta

Beeldhouwwerk	Sculptură
Complex	Complex
Creëren	Crea
Eenvoudig	Simplu
Eerlijk	Sincer
Geïnspireerd	Inspirat
Humeur	Dispozitie
Keramisch	Ceramică
Onderwerp	Subiect
Origineel	Original
Persoonlijk	Personal
Poëzie	Poezie
Portretteren	Portret
Samenstelling	Compoziție
Surrealisme	Suprarealism
Symbool	Simbol
Uitdrukking	Expresie
Visueel	Vizual

Kunstbenodigdheden
Materiale de Artă

Acryl	Acrilic
Aquarellen	Acuarele
Borstels	Perii
Camera	Aparat Foto
Creativiteit	Creativitate
Ezel	Șevalet
Gom	Radieră
Houtskool	Cărbune
Inkt	Cerneală
Klei	Lut
Kleuren	Culori
Lijm	Lipici
Olie	Ulei
Papier	Hârtie
Pastel	Pasteluri
Potloden	Creioane
Stoel	Scaun
Tafel	Tabel
Verf	Vopsele
Water	Apă

Landen #2
Țările #2

Denemarken	Danemarca
Ethiopië	Etiopia
Frankrijk	Franța
Griekenland	Grecia
Ierland	Irlanda
Indonesië	Indonezia
Japan	Japonia
Kenia	Kenya
Laos	Laos
Libanon	Liban
Liberia	Liberia
Maleisië	Malaezia
Mexico	Mexic
Nepal	Nepal
Nigeria	Nigeria
Oeganda	Uganda
Oekraïne	Ucraina
Rusland	Rusia
Somalië	Somalia
Syrië	Siria

Landschappen
Peisaje

Berg	Munte
Eiland	Insulă
Geiser	Gheizer
Gletsjer	Ghețar
Grot	Peșteră
Heuvel	Deal
Ijsberg	Aisberg
Meer	Lac
Moeras	Mlaștină
Oase	Oază
Oceaan	Ocean
Rivier	Râu
Schiereiland	Peninsulă
Strand	Plajă
Toendra	Tundră
Vallei	Vale
Vulkaan	Vulcan
Waterval	Cascadă
Woestijn	Deșert
Zee	Mare

Literatuur
Literatură

Analogie	Analogie
Analyse	Analiză
Anekdote	Anecdotă
Auteur	Autor
Biografie	Biografie
Conclusie	Concluzie
Dialoog	Dialog
Fictie	Ficțiune
Gedicht	Poem
Mening	Opinie
Metafoor	Metaforă
Poëtisch	Poetic
Rijm	Rimă
Ritme	Ritm
Roman	Roman
Stijl	Stil
Thema	Temă
Tragedie	Tragedie
Vergelijking	Comparație
Verteller	Narator

Meditatie
Meditație

Aandacht	Atenție
Aanvaarding	Acceptare
Ademhaling	Respirație
Beweging	Mișcare
Dankbaarheid	Recunoștință
Emoties	Emoții
Gedachten	Gânduri
Geluk	Fericire
Helderheid	Claritate
Houding	Postură
Mededogen	Compasiune
Mentaal	Mental
Muziek	Muzică
Natuur	Natură
Observatie	Observare
Perspectief	Perspectivă
Stilte	Tăcere
Vrede	Pace
Vriendelijkheid	Bunătate
Wakker	Treaz

Meer Informatie
Operă Științifico-Fantas

Bioscoop	Cinema
Boeken	Cărți
Brand	Foc
Denkbeeldig	Imaginar
Dystopie	Distopie
Explosie	Explozie
Extreem	Extrem
Fantastisch	Fantastic
Futuristisch	Futurist
Illusie	Iluzie
Mysterieus	Misterios
Orakel	Oracol
Planeet	Planetă
Realistisch	Realist
Robots	Roboți
Scenario	Scenariu
Sterrenstelsel	Galaxie
Technologie	Tehnologie
Utopie	Utopie
Wereld	Lume

Menselijk Lichaam
Corpul Uman

Been	Picior
Bloed	Sânge
Elleboog	Cot
Enkel	Gleznă
Hand	Mână
Hart	Inimă
Hersenen	Creier
Hoofd	Cap
Huid	Piele
Kaak	Falcă
Kin	Bărbie
Knie	Genunchi
Maag	Stomac
Mond	Gură
Nek	Gât
Neus	Nas
Oor	Ureche
Schouder	Umăr
Tong	Limbă
Vinger	Deget

Metingen
Măsurătorile

Breedte	Lăţime
Byte	Byte
Centimeter	Centimetru
Decimaal	Zecimal
Diepte	Adâncime
Gewicht	Greutate
Gram	Gram
Hoogte	Înălţime
Inch	Inch
Kilogram	Kilogram
Kilometer	Kilometru
Lengte	Lungime
Liter	Litru
Massa	Masă
Meter	Metru
Minuut	Minut
Ons	Uncie
Pint	Halbă
Ton	Tonă
Volume	Volum

Meubels
Mobilier

Bank	Bancă
Bed	Pat
Boekenkast	Bibliotecă
Bureau	Birou
Dressoir	Dulap
Fauteuil	Fotoliu
Futon	Futon
Gordijnen	Perdele
Hangmat	Hamac
Kussen	Pernă
Kussens	Perne
Lamp	Lampă
Matras	Saltea
Planken	Rafturi
Spiegel	Oglindă
Stoel	Scaun
Tapijt	Covor

Muziekinstrumenten
Instrumente Muzicale

Banjo	Banjo
Cello	Violoncel
Fagot	Fagot
Fluit	Flaut
Gitaar	Chitară
Gong	Gong
Harp	Harpă
Hobo	Oboi
Klarinet	Clarinet
Mandoline	Mandolină
Marimba	Marimba
Mondharmonica	Muzicuţă
Percussie	Percuţie
Piano	Pian
Saxofoon	Saxofon
Tamboerijn	Tamburină
Trombone	Trombon
Trommel	Tobă
Trompet	Trompetă
Viool	Vioară

Mythologie
Mitologie

Archetype	Arhetip
Bliksem	Fulger
Creatie	Creare
Cultuur	Cultură
Donder	Tunet
Doolhof	Labirint
Gedrag	Comportament
Held	Erou
Heldin	Eroina
Hemel	Cer
Jaloezie	Gelozie
Kracht	Tărie
Krijger	Războinic
Legende	Legendă
Monster	Monstru
Onsterfelijkheid	Nemurire
Ramp	Dezastru
Sterfelijk	Muritor
Wezen	Făptură
Wraak	Răzbunare

Natuur
Natura

Arctisch	Arctic
Bijen	Albine
Bos	Pădure
Dieren	Animale
Dynamisch	Dinamic
Erosie	Eroziune
Gebladerte	Frunze
Gletsjer	Gheţar
Heiligdom	Sanctuar
Klippen	Stânci
Mist	Ceaţă
Rivier	Râu
Schoonheid	Frumuseţe
Schuilplaats	Adăpost
Sereen	Senin
Tropisch	Tropical
Vitaal	Vital
Wild	Sălbatic
Woestijn	Deşert
Wolken	Nori

Oceaan
Ocean

Aal	Anghilă
Algen	Alge
Boot	Barcă
Dolfijn	Delfin
Garnaal	Crevetă
Getijden	Maree
Golven	Valuri
Haai	Rechin
Koraal	Coral
Krab	Crab
Kwal	Meduze
Octopus	Caracatiţă
Oester	Stridie
Rif	Recif
Spons	Burete
Storm	Furtună
Tonijn	Ton
Vis	Peşte
Walvis	Balenă
Zout	Sare

Om in te Vullen
Pentru a Umple

Bekken	Bazin
Buis	Tub
Dienblad	Tavă
Doos	Cutie
Emmer	Găleată
Envelop	Plic
Fles	Sticlă
Koffer	Valiză
Krat	Ladă
Lade	Sertar
Mand	Coş
Map	Dosar
Pakje	Pachet
Pot	Borcan
Vaas	Vază
Vat	Butoi
Zak	Buzunar

Piraten
Piratii

Anker	Ancoră
Avontuur	Aventură
Bemanning	Echipaj
Eiland	Insulă
Gevaar	Pericol
Goud	Aur
Grot	Peşteră
Kaart	Hartă
Kapitein	Căpitan
Kompas	Busolă
Legende	Legendă
Litteken	Cicatrice
Oceaan	Ocean
Papegaai	Papagal
Rum	Rom
Schat	Comoară
Slecht	Rău
Strand	Plajă
Vlag	Drapel
Zwaard	Sabie

Regenwoud
Pădurea Tropicală

Amfibieën	Amfibieni
Behoud	Conservare
Botanisch	Botanic
Diversiteit	Diversitate
Gemeenschap	Comunitate
Inheems	Indigene
Insecten	Insecte
Jungle	Junglă
Klimaat	Climat
Mos	Muşchi
Natuur	Natură
Overleving	Supravieţuire
Respect	Respect
Restauratie	Restaurare
Soort	Specie
Toevlucht	Refugiu
Vogels	Păsări
Waardevol	Valoros
Wolken	Nori
Zoogdieren	Mamifere

Restaurant #1
Restaurantul #1

Allergie	Alergie
Bord	Farfurie
Brood	Pâine
Ingrediënten	Ingrediente
Kassier	Casier
Keuken	Bucătărie
Kip	Pui
Koffie	Cafea
Kom	Castron
Menu	Meniu
Mes	Cuţit
Pittig	Picant
Reservering	Rezervare
Saus	Sos
Serveerster	Chelneriţă
Servet	Şerveţel
Toetje	Desert
Vlees	Carne
Voedsel	Alimente

Restaurant #2
Restaurantul #2

Cake	Tort
Diner	Cina
Drank	Băutură
Eieren	Ouă
Fruit	Fruct
Groente	Legume
Heerlijk	Delicios
Ijs	Gheaţă
Lepel	Lingură
Lunch	Prânz
Ober	Chelner
Salade	Salată
Soep	Supă
Specerijen	Condimente
Stoel	Scaun
Vis	Peşte
Voorgerecht	Aperitiv
Vork	Furcă
Water	Apă
Zout	Sare

Rijden
Conducere

Auto	Maşină
Brandstof	Combustibil
Garage	Garaj
Gas	Gaz
Gevaar	Pericol
Kaart	Hartă
Licentie	Licenţă
Motor	Motor
Motorfiets	Motocicletă
Ongeluk	Accident
Politie	Politie
Remmen	Frâne
Snelheid	Viteză
Straat	Stradă
Tunnel	Tunel
Veiligheid	Siguranţă
Verkeer	Trafic
Voetganger	Pieton
Vrachtauto	Camion
Weg	Drum

Schaken
Șah

Diagonaal	Diagonală
Kampioen	Campion
Koning	Rege
Koningin	Regină
Offer	Sacrificiu
Passief	Pasiv
Punten	Puncte
Reglement	Reguli
Slim	Inteligent
Spel	Joc
Speler	Jucător
Strategie	Strategie
Tegenstander	Adversar
Tijd	Timp
Toernooi	Turneu
Uitdagingen	Provocări
Wedstrijd	Concurs
Wit	Alb
Zwart	Negru

School #1
Școală #1

Alfabet	Alfabet
Antwoorden	Răspunsuri
Bibliotheek	Bibliotecă
Boeken	Cărți
Bureau	Birou
Cijfers	Numere
Examens	Examene
Klaslokaal	Clasă
Leraar	Profesor
Lunch	Prânz
Mappen	Dosare
Markeringen	Markeri
Papier	Hârtie
Pennen	Stilouri
Plezier	Distracție
Potlood	Creion
Quiz	Test
Stoel	Scaun
Vrienden	Prieteni
Wiskunde	Matematică

School #2
Școală #2

Academisch	Academic
Bibliotheek	Bibliotecă
Bus	Autobuz
Computer	Calculator
Grammatica	Gramatică
Huiswerk	Teme
Kalender	Calendar
Leraar	Profesor
Literatuur	Literatură
Onderwijs	Educaţie
Papier	Hârtie
Pennen	Stilouri
Potlood	Creion
Rugzak	Rucsac
Schaar	Foarfece
Schoenen	Pantofi
Weekend	Weekend-Uri
Wetenschap	Ştiinţă
Wiskunde	Matematică
Woordenboek	Dicţionar

Specerijen
Condimente

Anijs	Anason
Bitter	Amar
Fenegriek	Schinduf
Gember	Ghimbir
Kaneel	Scorţişoară
Kardemom	Cardamom
Kerrie	Curry
Knoflook	Usturoi
Komijn	Chimion
Koriander	Coriandru
Nootmuskaat	Nucşoară
Paprika	Paprika
Peper	Piper
Saffraan	Şofran
Smaak	Aromă
Ui	Ceapă
Vanille	Vanilie
Venkel	Fenicul
Zoet	Dulce
Zout	Sare

Speelgoed
Jucării

Ambachten	Meşteşuguri
Auto	Maşină
Bal	Minge
Boeken	Cărţi
Boot	Barcă
Drums	Tobe
Favoriet	Favorit
Fiets	Bicicletă
Games	Jocuri
Klei	Lut
Pop	Păpuşă
Puzzel	Puzzle
Robot	Robot
Schaak	Şah
Trein	Tren
Verbeelding	Imaginaţie
Verf	Vopsele
Vlieger	Zmeu
Vliegtuig	Avion
Vrachtauto	Camion

Sport
Sport

Atleet	Atlet
Basketbal	Baschet
Beweging	Mişcare
Fiets	Bicicletă
Golf	Golf
Gymnastiek	Gimnastică
Hockey	Hochei
Honkbal	Baseball
Kampioenschap	Campionat
Scheidsrechter	Arbitru
Spel	Joc
Speler	Jucător
Stadion	Stadion
Team	Echipă
Tennis	Tenis
Trainer	Antrenor
Winnaar	Câştigător

Stad
Oraș

Apotheek	Farmacie
Bakkerij	Brutărie
Bank	Bancă
Bibliotheek	Bibliotecă
Bioscoop	Cinema
Bloemist	Florar
Boekhandel	Librărie
Galerij	Galerie
Hotel	Hotel
Kliniek	Clinica
Luchthaven	Aeroport
Markt	Piață
Museum	Muzeu
Restaurant	Restaurant
School	Şcoală
Stadion	Stadion
Supermarkt	Supermarket
Theater	Teatru
Universiteit	Universitate
Winkel	Magazin

Strand
Plajă

Blauw	Albastru
Boot	Barcă
Dok	Dock
Eiland	Insulă
Handdoek	Prosop
Krab	Crab
Kust	Coastă
Lagune	Lagună
Oceaan	Ocean
Paraplu	Umbrelă
Rif	Recif
Sandalen	Sandale
Vakantie	Vacanță
Zand	Nisip
Zee	Mare
Zon	Soare

Surfen
Navigare

Atleet	Atlet
Beginner	Începător
Extreem	Extrem
Golf	Val
Kampioen	Campion
Kracht	Tărie
Maag	Stomac
Menigte	Mulțimi
Oceaan	Ocean
Peddelen	Paletă
Plezier	Distracție
Populair	Popular
Rif	Recif
Schuim	Spumă
Snelheid	Viteză
Spray	Spray
Stijl	Stil
Strand	Plajă
Weer	Vreme

Technologie
Tehnologie

Bericht	Mesaj
Bestand	Fişier
Blog	Blog
Browser	Browser
Bytes	Bytes
Camera	Aparat Foto
Computer	Calculator
Cursor	Cursor
Digitaal	Digital
Gegevens	Date
Internet	Internet
Lettertype	Font
Onderzoek	Cercetare
Scherm	Ecran
Software	Software
Statistiek	Statistici
Veiligheid	Securitate
Virtueel	Virtual
Virus	Virus

Tijd
Timp

Dag	Zi
Decennium	Deceniu
Eeuw	Secol
Gisteren	Ieri
Jaar	An
Jaarlijks	Anual
Kalender	Calendar
Klok	Ceas
Maand	Lună
Middag	Amiază
Minuut	Minut
Na	După
Nacht	Noapte
Nu	Acum
Ochtend	Dimineață
Toekomst	Viitor
Uur	Oră
Vandaag	Azi
Vroeg	Devreme
Week	Săptămână

Tuin
Grădină

Bank	Bancă
Bloem	Floare
Bodem	Sol
Boom	Copac
Boomgaard	Livadă
Garage	Garaj
Gazon	Gazon
Gras	Iarbă
Hangmat	Hamac
Hark	Greblă
Hek	Gard
Onkruid	Buruieni
Schop	Lopată
Slang	Furtun
Struik	Tufiş
Terras	Terasă
Trampoline	Trambulină
Tuin	Grădină
Veranda	Verandă
Vijver	Iaz

Vakantie #2
Vacanță #2

Bestemming	Destinaţie
Buitenlander	Străin
Eiland	Insulă
Hotel	Hotel
Kaart	Hartă
Kamperen	Camping
Luchthaven	Aeroport
Paspoort	Paşaport
Reis	Călătorie
Reserveringen	Rezervări
Restaurant	Restaurant
Strand	Plajă
Taxi	Taxi
Tent	Cort
Trein	Tren
Vakantie	Vacanţă
Vervoer	Transport
Visum	Viză
Vrije Tijd	Timp Liber
Zee	Mare

Verjaardag
Ziua de Nastere

Cake	Tort
Dag	Zi
Geboren	Născut
Gelukkig	Fericit
Geschenk	Cadou
Herinneringen	Amintiri
Jaar	An
Jong	Tineri
Kaarsen	Lumânări
Kaarten	Carduri
Kalender	Calendar
Lied	Cântec
Partij	Petrecere
Plezier	Distracţie
Speciaal	Special
Tijd	Timp
Uitnodigingen	Invitaţii
Viering	Celebrare
Vrienden	Prieteni
Wijsheid	Înţelepciune

Vissen
Pescuit

Aas	Momeală
Apparatuur	Echipament
Boot	Barcă
Draad	Sârmă
Geduld	Răbdare
Gewicht	Greutate
Haak	Cârlig
Kaak	Falcă
Kieuwen	Branhii
Kok	Bucătar
Mand	Coş
Meer	Lac
Oceaan	Ocean
Overdrijving	Exagerare
Rivier	Râu
Seizoen	Sezon
Strand	Plajă
Vinnen	Aripioare
Water	Apă

Vliegtuigen
Avioane

Afdaling	Coborâre
Atmosfeer	Atmosferă
Avontuur	Aventură
Ballon	Balon
Bemanning	Echipaj
Bouw	Construcţie
Brandstof	Combustibil
Geschiedenis	Istorie
Hemel	Cer
Hoogte	Înălţime
Landen	Aterizare
Lucht	Aer
Motor	Motor
Navigeren	Naviga
Ontwerp	Model
Passagier	Pasager
Piloot	Pilot
Richting	Direcţie
Turbulentie	Turbulenţă
Waterstof	Hidrogen

Voeding
Alimentație

Bitter	Amar
Calorieën	Calorii
Dieet	Dietă
Eetbaar	Comestibil
Eetlust	Apetit
Eiwitten	Proteine
Evenwichtig	Echilibrat
Fermentatie	Fermentaţie
Gewicht	Greutate
Gezond	Sănătos
Gezondheid	Sănătate
Koolhydraten	Glucide
Kwaliteit	Calitate
Saus	Sos
Smaak	Aromă
Spijsvertering	Digestie
Toxine	Toxină
Vitamine	Vitamină
Vloeistoffen	Lichide
Voedingsstof	Nutrient

Voertuigen
Autovehicule

Ambulance	Ambulanţă
Auto	Maşină
Banden	Anvelope
Boot	Barcă
Bus	Autobuz
Caravan	Caravană
Fiets	Bicicletă
Helikopter	Elicopter
Metro	Metrou
Motor	Motor
Onderzeeër	Submarin
Raket	Rachetă
Scooter	Scuter
Taxi	Taxi
Tractor	Tractor
Trein	Tren
Veerboot	Bac
Vliegtuig	Avion
Vlot	Plută
Vrachtauto	Camion

Vogels
Păsări

Duif	Porumbel
Eend	Rață
Ei	Ou
Flamingo	Flamingo
Gans	Gâscă
Kip	Pui
Koekoek	Cuc
Kraai	Cioară
Meeuw	Pescăruș
Mus	Vrabie
Ooievaar	Barză
Papegaai	Papagal
Pauw	Păun
Pelikaan	Pelican
Pinguïn	Pinguin
Reiger	Stârc
Struisvogel	Struț
Toekan	Toucan
Uil	Bufniță
Zwaan	Lebădă

Vormen
Forme

Bol	Sferă
Boog	Arc
Cilinder	Cilindru
Cirkel	Cerc
Curve	Curbă
Driehoek	Triunghi
Hoek	Colț
Hyperbool	Hiperbolă
Kant	Parte
Kegel	Con
Kubus	Cub
Lijn	Linia
Ovaal	Oval
Piramide	Piramidă
Prisma	Prismă
Randen	Margini
Rechthoek	Dreptunghi
Ronde	Rotund
Veelhoek	Poligon
Vierkant	Pătrat

Wandelen
Drumeții

Berg	Munte
Dieren	Animale
Gevaren	Pericole
Kaart	Hartă
Kamperen	Camping
Klif	Stâncă
Klimaat	Climat
Laarzen	Cizme
Moe	Obosit
Muggen	Țânțari
Natuur	Natură
Oriëntatie	Orientare
Parken	Parcuri
Stenen	Pietre
Top	Summit
Voorbereiding	Pregătirea
Water	Apă
Wild	Sălbatic
Zon	Soare
Zwaar	Greu

Water
Apă

Douche	Duș
Geiser	Gheizer
Golven	Valuri
Ijs	Gheață
Irrigatie	Irigare
Kanaal	Canal
Meer	Lac
Moesson	Muson
Oceaan	Ocean
Orkaan	Uragan
Overstroming	Inundații
Regen	Ploaie
Rivier	Râu
Sneeuw	Zăpadă
Stoom	Abur
Stroom	Curent
Verdamping	Evaporare
Vochtig	Umede
Vochtigheid	Umiditate
Vorst	Înghet

Weersomstandigheden
Vremea

Atmosfeer	Atmosferă
Bliksem	Fulger
Donder	Tunet
Droogte	Secetă
Hemel	Cer
Ijs	Gheață
Klimaat	Climat
Mist	Ceață
Moesson	Muson
Orkaan	Uragan
Overstroming	Inundații
Polair	Polar
Regenboog	Curcubeu
Storm	Furtună
Temperatuur	Temperatura
Tornado	Tornadă
Tropisch	Tropicale
Vochtig	Umed
Wind	Vânt
Wolk	Nor

Wetenschap
Știință

Atoom	Atom
Chemisch	Chimic
Deeltjes	Particule
Evolutie	Evoluție
Experiment	Experiment
Feit	Fapt
Fossiel	Fosil
Gegevens	Date
Hypothese	Ipoteză
Klimaat	Climat
Laboratorium	Laborator
Methode	Metodă
Mineralen	Minerale
Moleculen	Molecule
Natuur	Natură
Natuurkunde	Fizică
Observatie	Observare
Organisme	Organism
Wetenschapper	Om de Știință
Zwaartekracht	Gravitație

Wetenschappelijke Discip
Disciplinele Științifice

Anatomie	Anatomie
Archeologie	Arheologie
Astronomie	Astronomie
Biochemie	Biochimie
Biologie	Biologie
Chemie	Chimie
Ecologie	Ecologie
Fysiologie	Fiziologie
Geologie	Geologie
Immunologie	Imunologie
Mechanica	Mecanica
Meteorologie	Meteorologie
Mineralogie	Mineralogie
Neurologie	Neurologie
Plantkunde	Botanică
Psychologie	Psihologie
Robotica	Robotica
Sociologie	Sociologie
Thermodynamica	Termodinamică
Voeding	Nutriție

Wiskunde
Matematică

Bol	Sferă
Decimaal	Zecimal
Diameter	Diametru
Driehoek	Triunghi
Exponent	Exponent
Fractie	Fracțiune
Geometrie	Geometrie
Hoeken	Unghiuri
Loodrecht	Perpendicular
Omtrek	Perimetru
Parallel	Paralel
Parallellogram	Paralelogram
Rechthoek	Dreptunghi
Rekenkundig	Aritmetică
Som	Sumă
Symmetrie	Simetrie
Veelhoek	Poligon
Vergelijking	Ecuație
Vierkant	Pătrat
Volume	Volum

Zomer
Vara

Boeken	Cărți
Duiken	Scufundări
Familie	Familie
Games	Jocuri
Herinneringen	Amintiri
Huis	Acasă
Kamperen	Camping
Muziek	Muzică
Ontspanning	Relaxare
Reis	Călătorie
Sandalen	Sandale
Sterren	Stele
Strand	Plajă
Tuin	Grădină
Vakantie	Vacanță
Voedsel	Alimente
Vreugde	Bucurie
Vrienden	Prieteni
Vrije Tijd	Timp Liber
Zee	Mare

Zoogdieren
Mamiferele

Aap	Maimuță
Bever	Castor
Coyote	Coiot
Dolfijn	Delfin
Ezel	Măgar
Geit	Capră
Giraf	Girafă
Gorilla	Gorilă
Hond	Câine
Kameel	Cămilă
Kangoeroe	Cangur
Kat	Pisică
Konijn	Iepure
Leeuw	Leu
Olifant	Elefant
Paard	Cal
Stier	Taur
Vos	Vulpe
Walvis	Balenă
Wolf	Lup

Gefeliciteerd

Je hebt het gehaald!

We hopen dat u net zoveel plezier beleeft aan dit boek als wij aan het maken ervan. We doen ons best om spellen van hoge kwaliteit te maken.
Deze puzzels zijn op een slimme manier ontworpen zodat je actief kunt leren terwijl je plezier hebt!

Vond je ze mooi?

Een Eenvoudig Verzoek

Onze boeken bestaan dankzij de recensies die zij publiceren.
Kunt u ons helpen door nu een mening achter te laten ?

Hier is een korte link die u naar uw
bestellingen beoordelingspagina.

BestBooksActivity.com/Recensie50

FINAAL UITDAGING!

Uitdaging nr. 1

Klaar voor uw bonusspel? We gebruiken ze de hele tijd, maar ze zijn niet zo gemakkelijk te vinden. Hier zijn **Synoniemen!**

Noteer 5 woorden die je ontdekt hebt in elk van de onderstaande puzzels (nr. 21, nr. 36, nr. 76) en probeer voor elk woord 2 synoniemen te vinden.

Notitie 5 Woorden uit *Puzzle 21*

Woorden	Synoniem 1	Synoniem 2

Notitie 5 Woorden uit *Puzzle 36*

Woorden	Synoniem 1	Synoniem 2

Notitie 5 Woorden uit *Puzzle 76*

Woorden	Synoniem 1	Synoniem 2

Uitdaging nr. 2

Nu je opgewarmd bent, noteer 5 woorden die je ontdekt hebt in elke hieron-der genoteerde puzzel (nr. 9, nr. 17, nr. 25) en probeer voor elk woord 2 antoniemen te vinden. Hoeveel regels kan je doen in 20 minuten?

Notitie 5 Woorden uit *Puzzle 9*

Woorden	Antoniem 1	Antoniem 2

Notitie 5 Woorden uit *Puzzle 17*

Woorden	Antoniem 1	Antoniem 2

Notitie 5 Woorden uit *Puzzle 25*

Woorden	Antoniem 1	Antoniem 2

Uitdaging nr. 3

Prachtig, deze finaal uitdaging  is makkelijk voor jou!

Klaar voor de laatste? Kies je 10 favoriete woorden die je in een van de puzzels hebt ontdekt en noteer ze hieronder.

1.	6.
2.	7.
3.	8.
4.	9.
5.	10.

De uitdaging is nu om met deze woorden en binnen een maximum van zes zinnen een tekst te schrijven over een persoon, dier of plaats waar je van houdt!

Tip: U kunt de laatste blanco pagina van dit boek als kladblaadje gebruiken!

Je schrijven:

NOTITIEBOEKJE:

TOT SNEL!

Linguas Classics

GENIET VAN GRATIS SPELLEN

GO

↓

BESTACTIVITYBOOKS.COM/FREEGAMES